謹以此書，獻給摯愛的知音

認真生活 01

柯瑞

平凡中的不一樣

NBA神射手的30段**勇氣人生**

STEPHEN CURRY

BEYOND THE COURT

聯合新聞網NBA球評
周汶昊 Wen-hao Winston Chou——著

目次

〇 數字的力量，從〇開始 …… 9

1st Quarter 第一節：球迷心中的MVP 17

1 扭轉錯誤的第1印象 …… 18
2 連2座MVP …… 27
3 敬你3分 …… 37
4 就4論4 …… 47
5 5與倫比 …… 58

2nd Quarter 第二節：家人眼中的大男孩 68

6 對6歲孩子的堅持 …… 69
7 意外的第7順位 …… 75

8 8次大三元 81
9 孤獨9敗 87
10 10次轉隊的弟弟 91

Halftime Report 中場報導 97

11 兩個第1名的合作 98
12 略知12 104
13 13記三分球的信仰和迷信 111
14 3 14有意思 118
15 15歲的真愛 124

3rd Quarter 第三節：和你一樣的一般人 130

16 16號的心情奴隸 132

17 17分的延長賽 139
18 給煩心鑿18個洞當出口 146
19 10拿9穩 152
20 哭笑不得的20號球衣 158

4th Quarter 第四節：決定勝敗的造雨人 164

21 不管三七21 165
22 22分的落後 172
23 23號的典型 179

Time Out 最後的暫停：如何下判斷 185

24 隱藏版的24號 186
25 25號的決定 194

26 26億美金的魔法 200

Buzzer Beater
壓哨球：成功的配方 206

27 27號這一天的運氣 207

28 28呎之外的努力 212

29 正29邊形中的X因子 219

Post-game Press
賽後記者會：後記 225

30 30而立 226

作者誌謝 231

各章參考資料來源 232

中英名詞對照表 243

〇 數字的力量，從〇開始

每一本書的開始，通常都是第一章。而這本書，則是從第〇章開始。

為什麼是〇？因為每一場比賽的分數、每一項偉大的紀錄，每一位球員的職業生涯數據，都是從零開始。對於史蒂芬·柯瑞來說，無論是跨季連續一百五十七場命中三分的紀錄，還是四年內三度打破單季最多三分球紀錄，或是勇士跨季的主場五十四連勝，這一切的偉大，都必須從零開始。而在每一項紀錄終止之後，又必須從零開始累積另一個新的里程碑。〇是一切紀錄的起點，也是所有旅程的原點。

〇這個數字，除了代表場上的數據，也可以代表一個球員，更能帶出一段故事。之前紅極一時的「〇號探員」吉爾伯·亞瑞納斯在亞歷桑那大學打球時，就曾被告知自己當季的上場時間是零，於是他用這個號碼來警惕自己不斷努力，好證明別人看走了眼。奧克拉荷馬雷霆的羅素．衛斯布魯克，克里夫蘭騎士的凱文．勒夫，和波特蘭拓荒者的戴米安．里拉德則是當代NBA中最具指標性的三名〇號球員，這些球員之所以會選擇穿上這個號碼，都有自己的原因，背後也都有一段故事。[1]而里拉德的故事則是和奧克蘭這座城市息息相關。[2]

在里拉德的故事裡，〇代表的不是數字，而是一座城市。位於加州的奧克蘭有著出色的控衛傳統，以關鍵絕殺打響名號的里拉德正是出身此地。雖然里拉德進入NBA之後是為奧勒岡州的波特蘭打球，但他的球衣上其實一直都背著奧克蘭的象徵：他選擇〇號的原因，正是因為它代表了奧克蘭的第一個英文字母O。目的在於時時提醒自己和世人，自己是來自奧克蘭的球員。

一般人的印象裡，總覺得東岸的紐約才是傑出籃球員的大本營，它龐大的人口和競爭激烈的街頭籃球，造就出了紐約自由而強悍的招牌球風。當年號稱「天下第一衛」的史蒂芬．馬布里、前任勇士總教練及名控衛馬克．傑克森和「甜瓜」卡麥隆．安東尼等人，都是出生於紐約布魯克林區的明星球員。然而在西岸的奧克蘭，卻能以其不到紐約市二十分之一的人口，不斷產出頂尖的控球後衛。代表性的人物有在湖人拿下三連霸的布萊恩．蕭，「手套」裴頓，「大三元製造機」傑森．基德，乃至於現役球星里拉德等人，這些奧克蘭出身的明星控衛們彼此之間都有交情，對這個城市的共同感情更是緊密，不只建立起了奧克蘭深厚的籃球傳統，也創造了廣大的球迷基礎。

而在奧克蘭的球迷心中，〇的外型也可以代表一座球場。勇士隊的主場甲骨文球場正是位於奧克蘭，也是現存NBA歷史最悠久的主場館，一九六六年開幕時的原名是「奧克蘭－阿拉曼達郡立競技場體育館」（Oakland-Alameda County Coliseum Arena），因為名字實在太長，加上其圓型的外觀，所以奧克蘭的球迷就暱稱它為「O館」（The O）。如果從空拍圖上來看，全聯盟的球場中就屬甲骨文球場最圓，只有紐約尼克的麥迪遜廣場花園球場能夠與之比肩。在二〇〇六年與矽谷巨擘甲骨文正式簽下了十年冠名合約之後，甲骨文球場更成為了NBA所有二十九座簽有冠名贊助權的場館中，唯一以O開頭的主場。

一九七一年，勇士隊決定將主場從舊金山遷往奧克蘭，隊名也從舊金山勇士改成金州勇士。目的就是要放眼全加州，以納入更大的球迷市場，來和NBA西岸第一名門的洛杉磯湖人競爭。四十多年之後，當紫金湖人的王朝掙扎多年不能起身，仍等著勒布朗·詹姆斯前來拯救之際，擁有柯瑞的金州勇士已經成為當代聯盟最受矚目的強權。

勇士在甲骨文球場的戰績驚人，在柯瑞的帶領之下，勇士從二〇一二年開始崛起，戰績持續走高，球迷的加油聲量也愈飆愈高，不只成為NBA最吵的球場之一，甲骨文球場也從此被冠上了新的外號：「咆哮之城」（Roaracle）。二〇一五到一六年球季，當勇士打出破紀錄的七十三勝時，在甲骨文球場拿下了三十九勝二敗，成為史上第二高的主場例行賽戰績紀錄，僅次於二〇一五到一六球季的馬刺和一九八五到八六球季的塞爾提克（他們都是四十勝一敗）。

為何這本關於柯瑞的書要從〇章開始？正是因為這個數字代表了這座球場、這座城市，而這裡就是柯瑞職業生涯的起點。奧克蘭是許多控衛名將的原鄉，柯瑞在這裡克服了眾多不利的因素及挑戰，不僅打出身價，獲得此地球迷的認同，更以超海量的三分球改寫了世人對控球後衛的定義。柯瑞在ＮＢＡ中每一項從零開始的驚人紀錄，都是從奧克蘭的甲骨文球場這個原點開始，所以，所有柯瑞和勇士隊的故事都該從零開始說起。

為何你該知道柯瑞？

如果你是柯瑞的球迷，你該知道什麼？如果你不是籃球迷，又為什麼有必要知道他的故事？

如果你是柯瑞的球迷，你該知道柯瑞不只是籃球巨星，也是真情父親；如果你是柯瑞的球迷，你也該知道他的生涯並不是一路順風滿帆，其中也充滿挫折無奈及千鈞一髮。如果你是柯瑞的球迷，你更會想知道他是怎麼扭轉旁人對自己的偏見及誤解，以及改變這個世界觀看籃球的角度和高度。

如果你不是籃球迷，但曾聽過「靠爸」這個名詞，也許柯瑞的故事可以給你不一樣的解釋。雖然柯瑞的爸爸也曾是NBA球員，但這卻不是柯瑞得以成功的真正要因，了解柯瑞的雙親如何引導孩子的發展，或許會對未來為人父母的你有所幫助。如果你不是籃球迷，卻是團隊中的領導者，你也會想知道該怎麼找出柯瑞這樣的人才，為你所用；即使你不是籃球迷，但人總需要交朋友，知道柯瑞怎麼和自己個性南轅北轍的隊友相處，也會給你新的啟發。

在柯瑞成為全球籃球新偶像以來，和他有關的著述資料，無論是書籍、新聞及影像都已經太豐富了，多寫這本書，在錦上添此一花，又有何必？

原因就在於柯瑞的故事，需要歸零之後用另一個角度去詮釋：柯瑞就像是你我的投射，他一直是個生活在平凡世界中的一般人。他獲得的成功不全是幸運的偶然，也有努力之後的必然，就如同我們一樣。這世界不能只靠天賦就能成事，過去也沒有單靠個人努力就能成功的神話，每一個人都需要機遇，每一個成就都需要天時地利人和的配合。至於柯瑞是如何走上自己的頂峰？翻閱本書，你只需要對號入座，從你的身份出發，就能在柯瑞的故事上找出有意思的答案。

所以，這本書不是只為了籃球迷寫的，而是試著從平凡人的角度去看一個不平凡的故事。你可以是球迷，也可以不是球迷，但柯瑞的故事一樣令人著迷。而從全方位來觀照這位

NBA史上首位全票通過的最有價值球員（MVP）之後，你會發現他的故事其實不是只在球場上才有意義，在競爭的商場及人生的賽場上也一樣有價值。

從零開始，了解柯瑞

每一個NBA球季開始之前，對三十支球隊來說，無論上一季是否拿下冠軍，所有的努力都是歸零重來。對柯瑞來說，無論是否曾經拿下兩座MVP，一切也是從頭再來。了解歸零的必然，才能從零開始體會比賽和人生的真諦。

勇士與奧克蘭的關係也是如此。一九六〇年代，奧克蘭為了和鄰居城市舊金山競爭，決定投資職業運動做為城市發展的火車頭，大手筆建造運動場館。但在最初的設計圖中，甲骨文球場原本不是拿來打職業籃球的，它只是附屬在奧克蘭—阿拉曼達郡立競技場旁的訓練用場館而已，[3]沒有人會想到有一天，甲骨文球場的鋒芒會蓋過原本的奧克蘭競技場，勇士的市值也大幅超越同城的其他兩支職業球隊。然而，年紀老大的甲骨文球場已走向終點，雖然它曾在一九九六年花了一億兩千萬美金重新整修，但內部空間仍是嚴重不足，而且這筆支出到了二〇一七年時還沒付清，目前仍負債六千八百萬美金。[4]這也讓勇士逃不了被漲房租的命運，雙方在二〇一七年簽下的兩年延長租約一口氣就漲了六成，一年的租金高達兩百五十萬美金。[5]不久之後，勇士就將搬入位於舊金山的大通中心球場，迎向隊史下一個階段的新篇章。大通中心球場在二〇一七年一月正式動土興建，預計將在二〇一九年球季落成啟用。

隨著勇士即將離開，當地的美式足球隊奧克蘭突擊者也獲准搬家，東遷到拉斯維加斯，而共用主場的大聯盟球隊奧克蘭運動家也同樣決定要另尋主場。一時之間，奧克蘭的三大職業球隊都將不在現址出賽，過去奧克蘭引以為傲的職業運動園區在人去樓空之後，可能將會化為烏有。[6]然而這段在奧克蘭的日子，仍是勇士成長蛻變的起點。無論是柯瑞和克雷·湯普森聯手掀起的「浪花兄弟」狂潮，還是與最忙·格林、凱文·杜蘭特組成的四星陣容，或是所有球迷交織出的超高分貝加油聲量，都已成就了甲骨文球場的招牌勝景。

因此，〇也象徵著一段永不終結的循環旅程。當年勇士從舊金山遷來奧克蘭，將近半世紀之後，勇士又重回灣區的另一頭。如果仔細看，不難發現柯瑞穿著的勇士球衣上也有一個圓型的標誌，並以金門大橋為主視覺，橫跨著灣區兩岸。而以O開頭的奧克蘭，到以o結尾的舊金山，柯瑞與勇士仍將在灣區的這兩座城市之間繼續前進。

無論〇這個數字代表的是圓點，還是原點；這個圓是代表籃框，還是籃球；O這個字母是代表一座球場，或是一座城市，所有的故事，都將在歸零之後，從零開始。

勇士多年來都以「眾志成城」（Strength in Numbers）做為球隊品牌形象的溝通口號，

二〇一七年時，球團更以雙關語「數字的力量」做為官網球迷互動活動的主題，讓球迷秀出自己的數字和號碼（What's Your number?）。[7]球迷的答案無所不包，從第一年成為勇士球迷，第二次購買勇士季票，全家三代都是勇士球迷，看過四場勇士的總冠軍賽，五度因為加油嘶吼而叫啞了嗓子，擁有六件勇士球衣，相信勇士將拿下第七座冠軍，八度在現場見證柯瑞的絕殺奇蹟，到自己最愛的球衣號碼是三十號，或期待勇士下一季拿下八十二勝，無論是什麼數字，都是從〇開始，乃至於無限大的可能。

每一個數字，對球迷來說都有其意義，對柯瑞也是一樣。接下來的第一章到第三十章，都將以一個數字為核心，找出一個身份及觀點，發現一個可能和故事，讓人從零開始，了解柯瑞。

但無論你是不是球迷，在看這三十個故事之前，先放開心中對柯瑞既有的印象，無論那是執著的熱愛或是偏見的輕蔑，都先試著讓自己歸零，或許就能拾級而上，開始一段有意思的旅程。

歸零之後，以下就從「一」開始，來看柯瑞的故事。

1st Quarter

第一節：球迷心中的MVP

第一節比賽即將開始，隨著全美及地方媒體不斷報導著這場對決的熱門看點，現場已經湧入爆滿的勇士球迷，其中許多人還提前到場看完柯瑞的賽前熱身秀和通道長射，此時全球各地的觀眾也已陸續在螢幕前就位，萬眾矚目的期待，一切都在等跳球的那一刻。而當球賽正式開打之後，場邊轉播單位的主播和球評在講述場上賽況發展的同時，也不斷討論球隊和球員們之間的過去有何關聯，由此分析出這些過往的脈絡將如何影響比賽的走向。無論是之前的對戰數據、兩隊的世仇歷史、還是球員彼此的競爭情結，眾多的話題、比較、故事、巧合和奇蹟，都在第一節談論著。不只讓球迷更了解球員的背景，也更豐富了比賽的層次。所以要說柯瑞的故事，在這第一節的五章裡著重的都是他在場上的紀錄和一路以來的表現。柯瑞，就是MVP。

1 扭轉錯誤的第1印象

「一」這個數字，對柯瑞來說，可以被賦予很多重意義。若是第一，他是ＮＢＡ史上第一位單季三分球進球數超過三百顆的球員，同時也是第一位超過四百顆的射手，更是第一位全票通過的ＭＶＰ，也幫助球隊拿下例行賽史上第一的單季七十三勝。而這些第一，目前仍是聯盟史上的唯一。

擁有這麼多驚人的第一及唯一，但在柯瑞創下這些璀璨耀眼的紀錄之前，你知道大多數的球探及籃球專家對柯瑞的第一印象是如何嗎？答案是：非常不好。而以自己真正的實力來推翻眾人錯誤的第一印象，也成為推動他成功生涯的核心原動力。

如果你是六七八九年級的球迷，你該知道柯瑞給人的第一印象其實並不好

照台灣的分類習慣，民國六十到六十九年之間出生的人稱為六年級生，六十五年次的人則稱為六年五班，一路算下來，民國九十年以後出生的人就是九年級生了。若以二〇一八年起算，九年一班的人現年十六歲，其中許多人也開始出社會打工了。

九年級生目前在組內的心智年齡差距極大，還是兒童及青少年，理應還看不出這一個世代的同質性或是與其他世代不同的特性。但近三十年來，台灣媒體已習慣性為每一個年級進入社會工作的新生貼上團體標籤，無論是六七八年級生，當他們處於二三十歲的階段時，就會被稱之為「草莓族」。而從草莓的意象延伸出來的其他形容詞，則是更脆弱的水蜜桃族，更嬌貴的櫻桃族，和被不斷壓榨的柳丁族等等。

這些水果系的集體緊箍咒，成了各個年輕世代在職場上給人的第一印象。用一竿子打翻一船人的以偏概全，很容易讓每一個年級的新生失去了個人的行為自由及性格特質。事實上，這種「一代不如一代」的永恆指責，正如長江後浪推前浪，前浪轉頭罵後浪一樣由來已久，生生不息。所謂的「草莓族」，正是當年五年級生拿來罵六年級生的老話。[1] 結果一代一代傳下來，每十年新的一個世代就要接下這個棒子，被迫戴上這頂帽子活著，然後等到新世代長成了之後再把這個燙手山芋丟出去。

根據台灣勞動基準法第五章規定，雖然雇主不得僱用未滿十五歲之人，但國中畢業或經主管機關認定者不在此限，所以開始進入職場的九年級生可能很快也會被貼上這些水果系的負面標籤。二〇一七年有位十五歲少女提出時薪一百三十三元的要求，卻被比她年長的人認為她野心大，[2]殊不知這不過是法定的基本時薪而已，勞動部也宣佈二〇一九年的基本工資將調整為一百五十元。[3]前一世代的人，常囿於自己的經驗和習慣，忽略了現實世界的改變，從而對新世代做出了不合時宜的要求。

若是以西方社會的分類習慣，目前戰後嬰兒潮的「X世代」逐漸年老後，開始出現所謂「千禧世代」的說法。雖然各家的人口統計標準有所出入，但這個又稱「Y世代」的族群標籤，大多是落在西元一九八〇年到二〇〇〇年之後出生的人頭上。七年七班的柯瑞，正是屬於此一世代。

根據英國作家賽門．西奈克的說法，千禧世代和前一個世代的人比較起來，常被認為是難以管理的一群，因為他們自我感覺良好，期待能在現有的工作崗位上發揮個人的影響力，但卻無法專注而且缺乏耐心，所以常常不得其法，一再活在挫折之中。[4]二〇一六年九月他在播客線上訪談秀「Inside Quest」的時候，和主持人湯姆．比爾優及現場年輕觀眾談到他對千禧世代的個人觀察。他認為父母的教育方式、手機及社群媒體的上癮，正是讓這個世代難以在當今職場上站穩腳步的原因。

有意思的是，柯瑞反而因為這些特質在職場上發光發熱。他父母的教育方式，咸認是他得以在聯盟成功的主因之一。而他對於社群媒體的使用，更成為新世代球迷追逐的目標。

這些所謂的專家論點，無論是否自以為是，還是獨有見地，他們總是不斷地分析、歸責、批評，然後給出建議，彷彿每個人面對的問題都一樣，千人一面，萬樹一葉，只要知道你何時出生，就可以假定你會有何種特質。如此一來，無論個人特質為何，每個同年出生的人都好像給人相同的第一印象。乍聽之下，這種忽略主體性的齊頭式偏見實在不公平。再換個角度來看，這些被草莓、水蜜桃等水果污名化的一代有何感想？而當他們進入職場時，該要如何跳出這些帶著負面觀感的第一印象？

進入職場之前的柯瑞，也遇到一樣的問題。不過他的標籤，不是來自他的出生年，而是他與生俱來的外型。在大學籃壇打出成績的柯瑞，在選秀之前被大多數的球評及球探一面倒地看衰，他在這些人心中留下的第一印象極差，就算有再多實績及數據可以佐證他的實力和潛力，但他的外表似乎決定了一切。

就像六七八九年級生一樣，單單因為出生年次就被貼上標籤，被前一代認定年輕的他們禁不起考驗。外型，同樣成了柯瑞在職業籃壇的原罪標記。

球探報告：千萬不要以柯瑞為核心建隊

二〇一五年秋天，有支廣告在新的ＮＢＡ球季之前開始在美國各大電視網放送。[5]廣告主是創立於二〇一一年的「從頭教起」（CoachUp）訓練中心，它是美國一家私人體能教練平台，[6]由當時剛拿下生涯第一座冠軍的柯瑞為代言人。而在這支廣告中，柯瑞本人親自用口白唸著當年ＮＢＡ選秀前的球探報告，報告的內容如下：

史蒂芬．柯瑞，身高六呎三吋，體重一百八十五磅，場上位置為控球後衛。柯瑞的爆發力和運動力都低於一般水準。在內線對抗之後的得分能力不足，控球力也還有很大的進步空間，面對激烈的肢體防守常會有問題。柯瑞想在聯盟出賽只能走控衛一路，而他在職業賽場上的發展也將非常有限。千萬不要以他為核心建隊。[7]

最後訓練不輟的柯瑞，流著汗望著鏡頭，畫面上出現兩行字：「二〇一五年最有價值球員」及「二〇一五年世界冠軍」。

姑且不論當年這份球探報告是誰寫的，也不管有多少人被一起狠狠地打了臉，重要的是它點出了柯瑞當年在投入選秀時給人的第一印象：身體素質不佳，難以面對高強度的職業賽，在聯盟沒有未來。

事實上，在進入NBA之前，大學時代的柯瑞就已經創下了一堆紀錄，但這些紀錄似乎沒能改變大多數球探對柯瑞的第一印象。柯瑞在大一新鮮人球季就以單季二十一．五分，拿下所屬聯盟的得分王，這個數字，在全國新人排行上也僅次於德州大學的超級新人凱文．杜蘭特。到了大二更上層樓，率領戴維森大學在全國錦標賽一路爆冷，最後打入菁英八強，才以兩分輸給當年的冠軍堪薩斯大學，不只創下校史紀錄，更在媒體上大出鋒頭。到了大三，他更以單季二十八．六分成為NCAA的得分王，也獲選為全美第一隊。

有了這些光環及紀錄，當柯瑞決定棄學參加職業選秀時，個人聲勢理應在最高點才對。而且二〇〇八年的選秀狀元是曼菲斯大學一年級的棄學生德瑞克．羅斯，他是體能勁爆的控球後衛，後來在二〇一一年拿下MVP。同為控衛的柯瑞，擁有不輸羅斯的大學比賽數據，但柯瑞的外型就是吃虧，他被認定不夠高，不夠快，也不夠壯。簡單說，柯瑞完全被看扁了。最後，柯瑞是當年第四個被選上的控衛。

愈被看不起，愈要了不起

其實不只在職業選秀，早在柯瑞高中畢業、準備進入美國大學籃壇時，他給人的第一印象就不好，不只各家媒體的高中生評比落居後段，甚至排不上名次，最後NCAA的名門球隊都不要他。柯瑞在大學時代的表現，很快就讓這些看走眼的大學強隊後悔。柯瑞自然也希望能在進入職業聯盟之後，立刻就讓看不起他的球探啞口無言，不過，事與願違。

二〇〇九年十月二十八號，柯瑞以先發控衛的身份在主場出賽休士頓火箭。和他搭配後場的是當時勇士的絕對得分主力蒙泰・艾利斯，鋒線則是十年老將史蒂芬・傑克森，以及羅尼・特里雅夫和安卓斯・比爾尊屈。在勇士的第一波進攻中，柯瑞在隊友單擋掩護之後並沒有出手，而在三分線外選擇傳球助攻，讓傑克森上籃取分，拿下個人生涯的第一次助攻。

柯瑞各項紀錄開張的非常快，回防之後就在火箭前鋒亞瑞查手上把球抄走，取得第一次抄截紀錄，然後自己一個人帶過前場就在右邊三分線直接拔起來出手，結果這位NBA頭號三分射手的生涯第一次三分出手沒進。但兩分鐘之後，他帶球突破到罰球線前面跳投出手命中，很快就取得了生涯的第一分。

很難想像，這就是他全場唯一一次三分出手。

勇士全場泰半處於落後，一路苦追，打到第四節還剩三十秒時，柯瑞在籃下接到艾利斯的妙傳得分，讓勇士追到只落後三分。但終場前六秒鐘，勇士執行最後一擊時的三分選擇不佳，而柯瑞搶到籃板在籃下得手兩分之後，時間也已走完，勇士就以一分輸球。柯瑞在處女秀拿下十四分，七助攻的成績。

職業生涯的第一場比賽，柯瑞並沒有跌破專家的眼鏡，個人三分僅出手一球，球隊也輸球，甚至柯瑞最後的攻擊選擇也有爭議。在搶到籃板的當下，柯瑞沒有選擇往外導，再賭一個追平的三分，反而是企圖在籃下製造對手的防守犯規搶三分打，結果對手不上當，躲開讓他出手，勇士也就此輸球。其實在柯瑞搶到籃板的同時，隊友艾利斯已經在左邊三分線外取得空檔，舉手要球。可是柯瑞沒把球傳出來，比賽結束，看得出來艾利斯難以接受，也相當地不滿。

在生涯的初登場，柯瑞並沒有發揮出預期的三分能力，他在比賽中的得分位置，絕大多數集中在肘區位置的中距離跳投。柯瑞的第一場比賽，沒有能扭轉別人對他的第一印象。第一個球季的數據也是一樣，十七．五分，五．九次抄截，百分之四十三．七的三分命中率；甚至第一份新秀合約快走完的時候，他前三季的表現加上傷病史，反而更坐實了當年球探報告對他的評價。

在那之後的故事，大家都知道了，柯瑞從第四季開始爆發，徹底推翻了當年給人的第一印象。也可以說，因為有了這個第一印象，讓他有了明確的目標，有了源源不絕的原動力。其實無論你給人第一印象是什麼水果，都只是一種說法而已。[8]當你因此覺得委屈不滿，甚至努力去扭轉這偏頗的錯誤認知也不見成效時，不妨想想柯瑞的例子。柯瑞想要改變別人對他的成見，只看一場比賽不準，只打一個球季也不夠，甚至三年之後成功了，還得繼續保持在高峰才行。所以，再多試幾次吧！

愈被人看不起，愈要想辦法了不起。

2 連2座MVP

「二」這個數字，對柯瑞來說可能是又悲又喜，最痛苦的記憶大概就是在二〇一六年球季，那年勇士全季第一次在二連敗之後無法獲勝，結果那也成了當季的最後一戰，柯瑞只能目送騎士在甲骨文球場登基，勇士不僅沒能拿下二連霸，還同時寫下了單季七十三勝卻無冠的諷刺紀錄。但也是在那一年，柯瑞拿下第二座「年度最有價值球員獎」（MVP），不只是連續第二年獲獎，這一次更是史無前例的全票通過。

很可能，柯瑞的職業生涯就只會拿下這兩座MVP了。為什麼？因為NBA有著獨特的MVP票選制度和傳統，未來如果沒有出現重大改變的話，無論柯瑞再拿下任何戰績、冠軍、或是三分球紀錄，都將很難再次在這個獎項掄元。柯瑞不是麥可·喬丹，也不是勒布朗·詹姆斯，而這兩人創下的連續MVP紀錄，可能柯瑞永遠也追不上了。

這麼說很可能會讓許多柯瑞的球迷不服氣，事實上，這話並不是在貶低柯瑞的能力或是努力，而是細察NBA這個聯盟的生態，以及這個MVP獎項的由來、發展軌跡及趨勢之後做出的判斷。

如果你是喬丹的球迷，你該知道柯瑞連續拿下兩座MVP的紀錄本來就不稀奇

說起MVP這個獎項的歷史，連續拿下兩座的紀錄確實並不稀奇，在柯瑞之前，NBA共有十名球員連兩年登頂，其中就有喬丹的名字。而在喬丹活躍的年代，大鳥柏德和魔術強森也都曾有過連莊MVP的紀錄，所以對於熟悉一九八〇和九〇年代NBA的喬丹球迷來說，球星連續拿下兩座MVP算是那個年代的家常便飯。

而且，MVP得主是同一個人的現象，並不只出現在八〇和九〇年代，在那之前和之後，NBA的MVP得主始終有著連莊的傳統。而細看這十一人的名單，只有柯瑞和詹姆斯仍是現役球星，其他人除了是歷代的傳奇看牌人物和名人堂大物之外，也可以從他們的打球風格和位置看出聯盟進攻重心的改變和籃球戰術的革命性演化。

史上首度創下此一紀錄的，是一九六一年的超級中鋒比爾・羅素，而且他一拿就是三

連莊。接著一九六六年另一位無敵中鋒張伯倫也跟著連拿三次，然後進入七〇年代，中鋒依舊引領風騷，天鉤賈霸在這十年之間，拿下史上最多的六座MVP，期間在一九七二年及一九七七年都是連拿兩次最有價值球員。

在早期所謂的中鋒年代，主宰聯盟的球員都是身材出奇高大，進攻技巧純熟的頂尖長人。他們統治般的數據和表現，很容易在當時負責票選的球員間形成一種共識，自然他們也就能不斷地從投票過程中勝出，連續拿下此一獎項。

不過在張伯倫之後，只有大鳥博德一人有過MVP三連霸的紀錄，此後再無一人能夠達標，就連喬丹也辦不到。至於詹姆斯則是兩度挑戰三連霸失利，那一年在騎士先是被飆風玫瑰羅斯攔胡，後來到了熱火則是被雷帝杜蘭特擋下。換句話說，詹姆斯是兩度二連霸，目前生涯一共拿下四次，現役球員中無人可比。而喬丹雖然比詹姆斯多拿了一次，但喬丹只有在一九九二年締造過一次連莊的紀錄。

說到喬丹，在他一九八四年進入NBA的時候，聯盟大勢一直是塞爾提克的大鳥和湖人魔術的東西雙雄並峙，而前鋒和後衛逐漸取代中鋒，成為場上的第一進攻要角。那時大鳥先是連續三年壓在魔術的頭上掄元，接著就看魔術在接下四年內也拿了三座，而讓魔術無法三連霸MVP的人，就是喬丹。不過喬丹自己想要像公牛兩度三連霸那樣三度蟬聯例行賽MVP，也同樣沒能如願，他的好朋友惡漢巴克利和郵差卡爾．馬龍硬是從中作梗，從他手中搶下獎座。但這兩人的MVP卻沒能在當年換來夢寐以求的冠軍，喬丹在隨後的總冠軍戰帶走了決賽MVP，也讓這兩位頂級大前鋒一生無冠。

喬丹在大鳥及魔術之後的崛起，也標示了NBA進入了全新的後場年代，此後中鋒的角色愈趨式微，在一九八三年摩西．馬龍以中鋒身份在費城七六人時拿下連兩座MVP之後，再也沒有純種中鋒能夠連莊MVP。無論是非洲天王歐拉朱旺，海軍上將羅賓森，還是俠客歐尼爾，這些風格迥異、但統治力同樣十足的一代中鋒，都不再能締造此一紀錄。而在二〇〇三年連莊MVP的石佛鄧肯，則是以中／前鋒入選，由此也能看出NBA的整體戰術思維走向，已經讓純中鋒沒有生存空間。

等到二〇〇六年，太陽後衛奈許以跑轟戰術打出席捲全聯盟的小球風格，不只連續兩年為自己贏下MVP，也同時是史上身材最矮小的連莊MVP（奈許身高一九一公分）。至此，NBA已經進入無限可能的變種年代，講求速度、外線、進攻，而不再是固守高度、內線和防守。球員在場上的位置也不再固定，高中鋒也能拉到外圍攻擊，陣地戰被大量的轉換快攻取代。這也為柯瑞創造了全能發揮的舞台，等到柯瑞以同樣一九一公分的身高，憑藉著前所未有的三分能量再度改寫NBA的進攻觀念的時候，就是他拿下兩座MVP的時代了。

從這一路MVP的歷史走下來，只著眼在連續兩座MVP的球星名單，就可以看出NBA戰術核心的演化過程。能夠連莊的MVP，其實表示他創造了完全不同的球風，成功轉移了既有的典範，進而打出了另一個全新的觀念和年代。從這一點來說，柯瑞能拿下兩座MVP其實並不稀奇，因為他就是這個新時代的代表人物。

柯瑞不再是MVP

人說「事不過三」，這句俗話放在MVP獎項上也是如此。畢竟球星再強，也很難在三年之間保持健康或是巔峰狀況；有時就算自己做到最好，也不一定擋得住其他竄起的新秀。這樣的現象從早期的中鋒年代就是如此，到了魔術和喬丹的時代也是一樣。後來不只三連霸紀錄已遙不可及，近三十年更只有詹姆斯一人拿到三座以上的MVP。從歷史發展來看，柯瑞在連莊兩年之後想再拿MVP確實非常困難。

除此之外，NBA例行賽MVP的產生方式一直都在改變，這也讓球員連三年拿MVP愈來愈不可能。從一九五五年設立例行賽MVP獎項以來，一開始都是由球員相互投票產生最後的得主。到了一九七九到一九八〇球季，才改為北美運動作家及記者組成的委員會進行票選，每一張選票是由一到五名的順位組成，第一名十分，第二名七分，第三分五分，第四名三分，第五名則是一分。通常獲得最多第一名選票的球員總積分會最高，並以總積分最高者為當年度的最有價值球員。柯瑞以全票通過的那一年，一共有一百二十一張選票，每一個投票的人都把第一名給了柯瑞，所以當年柯瑞的總分是一千兩百分，毫無異議。[1]

這種交由外部的媒體工作者決定的投票制度，一直以來招致不少批評，像是票選的代表性和公正性都曾經被提出來討論，聯盟也因此不斷地做出調整。比如說，二〇一〇年開始增加了一張球迷選票，經由公開的線上投票來決定這張選票上的排名，為的就是增加代表性，讓球迷的意見及球員的人氣能夠被考量進去，但最有價值球員畢竟並不等同於「最有人氣的球員」，MVP也不是明星賽性質的票選活動，所以聯盟還是以專家意見為主，球迷的意見則是象徵性地被納入。

聯盟在二〇一七年又做了兩項調整，先是縮減了投票人數，接著則把MVP得主的公佈日期延後：從原本的季後賽中段，延到總冠軍戰結束之後，並在聯盟統一舉行的頒獎典禮上宣佈。二〇一六年的柯瑞在五月十日就獲知自己獲得全票MVP，但二〇一七年的衛斯布魯克則要等到六月二十七日才正式公佈。

先說縮減投票人選這件事，聯盟說是為了避免有人循私，所以決定從該年開始，專職各隊的廣播及電視主播會被排除在投票名單之外。此舉是要減少這些人力挺自家球員的可能性，以免有些完全不具競爭力的球員會拿到零星的第一名選票。[2]如此一來，二〇一七年具有投票權的運動記者及作家只剩下一百人，再加上原本的球迷選票，一共是一〇一票。

從二〇一七年的票選結果來看，共有六十九位將第一名的選票給了衛斯布魯克，其次的大鬍子哈登拿到了二十二張，馬刺的雷納德則是九張，騎士的詹姆斯拿到一張。柯瑞沒有拿到任何第一名或是第二名的選票，但拿到三十四張第五名的選票，總積分也排在第六名，居於在塞爾提克打出生涯年的小巨人湯瑪斯之後。[3]

另一項改變，則是配合聯盟在二〇一七年首度舉行年度頒獎典禮（NBA Awards 2017），[4]例行賽MVP統一在該典禮上和其他個人獎項一併公佈及頒發。頒獎典禮只開放給球員出席，並經由TNT做電視轉播。典禮所頒發的獎項分為三大類，除了傳統的各項個人獎項及年度第一第二隊之外，還加上了創新的球迷票選獎，選出年度最佳灌籃等技術獎和最佳造型獎等等。

NBA這樣的做法，其實也是比照全美最受歡迎的美式足球聯盟NEL。NEL從二〇一二年就開始舉行年度頒獎典禮（NFL Honors），在超級盃舉行的前一天晚上頒發，並由該年度負責轉播超級盃的電視台實況播出。

從這一點就可以看得出來，年度頒獎典禮其實是NBA爭取收視率，營造話題及爭取球迷支持的一種手段。將個人年度最大獎納入典禮中是理所當然，而其實MVP的票選本身就是造神的過程，為的是凝聚球迷對於明星球員的向心力，並將球星指數最大化的一項利器。

從內容上來說，這是一種兩階段的傳播結構，透過媒體專家等意見領袖所形成的共識，來影響廣大球迷的認知與認同，為「誰是年度最有價值球員」下定義。

從票選結果來看，衛斯布魯克靠著屢破大三元紀錄的神鬼成績拿下大部分的第一名選票，改打控球的大鬍子哈登則是第二名，即使柯瑞的成績與之前兩季相較並未下滑太多，支持柯瑞的球迷依舊非常多，而且還拿下了總冠軍，但他那年的表現在媒體圈已經不足以撐起ＭＶＰ的造神力量，無緣連三度登基。

如果ＭＶＰ是用球員互相投票的方式產生，柯瑞更不可能三連霸，甚至也不可能連莊。在二〇一五年時，ＮＢＡ球員工會（ＮＢＰＡ）就開始自行舉辦匿名票選，並公佈球員心中的最有價值球員。第一年獲選的是哈登，而不是ＮＢＡ官方選出的柯瑞；到了第二年橫掃一切的柯瑞，才在這個獎項掄元；而到了第三年，衛斯布魯克也同樣在ＮＢＡ媒體及ＮＢＰＡ球員票選同時拿下ＭＶＰ，柯瑞則是兩頭落空。

雖然柯瑞依舊出色，球隊戰績仍然傲人，但他不再被獲選為ＭＶＰ。這就是聯盟的現況和現實。

We are Number 2 vs. 誰是第二個登上月球的人？

「2」其實是個很微妙的數字：第一次通常很美好，而第二次則是顯得有些尷尬。如果成功了，只能是剛好，如果失敗了，就成了笑話。誰都知道第一個登上月球的阿姆斯壯，但又有多少人記得第二個登上月球的太空人是阿德林呢？

柯瑞已經用全票拿下過MVP，已經用三分球創造過一次又一次的紀錄，在他沒有拿出其他「史上第一次」的紀錄及表現時，他想再拿MVP確實非常困難。而在杜蘭特入隊之後，柯瑞在勇士的地位也變得很不一樣。隊友依然視他為領袖，勇士仍是柯瑞的球隊，但他在場上的攻擊角色開始退居第二位。為了尋求最佳的戰術磨合和團隊戰果，柯瑞確實在降低自己的出手數和持球時間。但降到第二位的柯瑞，也許就會像一九六二年的經典廣告詞所說的那樣：「當你只是第二名時，你會更努力（When you're only No.2, you try harder）。」[5]柯瑞和勇士在二〇一六年沒能拿下總冠軍，只能是年度第二名，所以他們更努力，才能在隔年從騎士手上奪回冠軍。

只要柯瑞被視為第二名，他就有更多努力的能量，讓他成為第一。

當人們習慣了柯瑞的表現，當記者把目光移往下一個巨星，當勇士的團隊愈來愈均衡強大之時，柯瑞確實逐漸遠離了例行賽MVP候選人雷達，但拿不到例行賽的MVP獎座又有何要緊呢？柯瑞能追求的，還有他從未拿下過的決賽MVP。NBA在創立十年之後才設立了MVP這個獎項，並以第一任總裁帕多洛夫為名。又過了十五年，才在一九六九年設立了決賽ＭＶＰ，後來是以羅素命名。連續兩屆ＭＶＰ不稀奇，那有什麼關係？已經拿下兩座帕多洛夫的柯瑞，早已經朝著兩座羅素的方向繼續去努力了。

3 敬你3分

「三」這個數字的意義，不管對柯瑞，或是對知道柯瑞的人來說，最重要的聯想就是三分球。柯瑞如果沒有三分球，就將只是一個中上等級的控球後衛；若是NBA沒有三分線，也就沒有柯瑞成為聯盟招牌巨星的空間。同樣地，如果沒有柯瑞在NBA展現出的驚人三分能量和準度，也無法重新定義三分球的現代戰術價值、歷史發展意涵，乃至於全球風潮及現象。柯瑞、三分球、NBA和當代籃球之間的緊密結合及聯動，改寫了人們觀看籃球的方式、關注比賽的動機，以及為之瘋狂振奮的緣由。

但，NBA本來確實是沒有三分球的。

如果你是櫻木花道的球迷，你該知道柯瑞創造出的三分球紀錄原本並不存在

說起櫻木花道這個名字，相信是許多台灣籃球迷共同的記憶。櫻木雖然是活躍在漫畫上及想像中的虛構人物，其實他的外型、個性、行為、打法、球鞋、隊友及對手的設定都有所本，大多取材自真實世界的NBA。對台灣市場而言，當年《灌籃高手》這部漫畫可說是籃球運動及NBA的置入性行銷。在一九九〇到一九九六年連載期間，麥可．喬丹不只在NBA逐步建立起公牛王朝，更將Nike及喬丹鞋推上全球市場的新高峰，《灌籃高手》則成為另一種異文本的行銷。雖然廣告主本身的行銷意願是置入性行銷的必要條件，井上雄彥老師也不是以收費做業配文為目的，但在那個資訊相對封閉的年代，確實因為櫻木穿上了喬丹六代和一代，而讓喬丹鞋更廣為人知。

為何說起櫻木花道？這是因為他所使用的罰球方式，遠遠地牽起了一九七〇年代金州勇士隊的招牌記憶。雖然櫻木的整體設定都與NBA前籃板王丹尼斯．羅德曼極為相似，但櫻木罰球動作的參考原型卻是勇士名人堂球星瑞克．貝瑞。他以「雙手端盆」（underhand）的出手方式，六度在NBA拿下罰球王，生涯通算百分之八十九．九八的罰球命中率，在退休時名列史上第一。而到了二〇一八年九月為止，只有一名現役球員的生涯罰球命中率排在他前面，那人正是柯瑞。[1] 柯瑞也正朝著貝瑞連續罰進六十球的勇士隊史紀錄邁進。[2]

有意思的是，貝瑞高效率的罰球方式，無論是在當時或是現在，都沒有獲得廣大的迴響，即使它已經透過實戰數據證明能夠有效地改善罰球命中率，但許多NBA球員卻對這種被暱稱為「阿媽式」（granny style）的罰球法敬謝不敏。像是生涯罰球命中率只有五成二的「俠客」歐尼爾就曾說過，就算自己罰球命中率是〇，也不會嘗試用這種方法罰球。[3] 這位讓對手發明「駭客戰術」來專門伺候的第一男主角，即使在被故意犯規、背負著輸不得的壓力之下，卻依舊不肯改變自己的罰球姿勢，就是因為這樣的出手方式不夠帥。

貝瑞其實並不是第一個嘗試低手罰球的球員，早在一九六〇年代，勇士的另一位名人堂球星「大帥」張伯倫也曾經採用過這種低手式的罰球姿勢。罰球能力比俠客還差的張伯倫，生涯罰球命中率只有五成一，但他曾在一九六一到六二年球季的時候，改用低手罰球而成功提升命中率到生涯最佳的六成一，足足增加了一成，而那時勇士還在費城。[4] 但後來張伯倫還是改回了原來的出手姿勢，原因是他覺得這種出手方式很「娘砲」（"Like a sissy"）。[5]

球員對於此種出手方式的偏見之深，讓他們完全無視其得分效率及效益。這種情況，其實就和當年NBA在討論是否要像對手美國籃球協會（ABA）那樣採用三分球規則一樣。雖然比賽會因此變得刺激有張力，但當時許多教練和球員都認為三分球不是正道。

在他們的籃球觀念中，真正的籃球員就是要持球往籃下打。在經過激烈的身體對抗之後還能出手，這種進攻方式才是觀眾想要看到的打法，而不是在外圍輕鬆地投籃。中鋒的偉大就在於他們稀有的高大身材，出色的身體素質，和絕佳的進攻技巧。相較之下，能投外線的小個子就很常見了。誰都可以拿了球在三分線外投籃，但並不是每一個人都有能力在籃下討生活。只投外線，而不殺入禁區肉搏，也被視為是「娘砲」的打法。

ＮＢＡ在早期中鋒時代的思維，讓這一切的論述聽來很合理。這也給了對手操作的空間，以差異化來和市場的領導者競爭。ＡＢＡ就是在這樣的情況下，用三分球來當做和老大哥對抗的武器。

在貝瑞打勇士隊的年代，他所站的ＮＢＡ球場還沒有三分線。而貝瑞入隊第一年就拿下新人王，第二年就拿下聯盟得分王，而且連兩年入選全明星賽，還拿下明星賽ＭＶＰ，貝瑞當時就是勇士隊的招牌明星，也是當時年輕世代的新主角，其地位就和今天的柯瑞相仿。

畢業於邁阿密大學的貝瑞，是在一九六五年首輪第二順位被當時的舊金山勇士選中，而當年同時擁有狀元籤的勇士，則是選了來自戴維森學院的中鋒佛烈德・黑佐，黑佐也成為戴維森校史上第一位被勇士隊選入的球員，一直要到四十四年之後勇士才選了第二個來自戴維森的球員，那人就是柯瑞。[6]

貝瑞的傳奇紀錄說也說不完，其中一項史無前例，也確定絕對後無來者的紀錄，就是他曾經在三個不同的籃球聯盟拿下單季得分王。[7] 一九六五年時先在ＮＣＡＡ以三十七・四分掄元，接著進入ＮＢＡ第二年就以單季總得分二千七百七十五分拿下得分王，當時得分王的計算方式仍是以單季總得分為準。[8]而他跳槽到ＡＢＡ的奧克蘭橡樹隊後正式出賽的第一季（一九六八到六九年球季），雖然因為受傷只打了三十五場比賽，但以場均三十四分領先全聯盟。雖然許多人認為貝瑞在ＡＢＡ的單季得分王的紀錄有些爭議，但他生涯在兩聯盟都拿下冠軍，史上只有四人能達此成就。[9]

當年貝瑞從ＮＢＡ跳槽到ＡＢＡ的時候，曾被勇士球迷視為貪婪的叛徒。但事實上，勇士當時提供的合約金額其實和橡樹隊是一樣的，貝瑞轉隊不是為了錢，而是因為橡樹隊那年聘了他在邁阿密大學時的總教練布魯斯．海爾為主帥，而且海爾還是他繼父。不過海爾沒能等到貝瑞為他打球，因為貝瑞跳槽之後被法院禁止出賽，等到一年後正式上場，海爾早已離職了。

這位被視為ＮＢＡ跳槽史上最大咖的球星，行事風格看似充滿爭議，卻注定是能夠開創新局的人。貝瑞在ＡＢＡ打了四季之後，又因為法院的命令而被迫回到勇士隊打球。他在這兩聯盟之間的遊走，讓球員有了更多選擇的空間，也讓轉會及後來的聯盟合併成為可能。而在ＡＢＡ這四季的歷練，讓他眼界大開，球技更上層樓，他也學會了如何使用三分球做為新式的得分武器。

貝瑞在ＡＢＡ的第四季時投進生涯最高的單季七十三記三分球，巧合的是，貝瑞生涯的最後一季，正好是ＮＢＡ實施三分球制度的第一個球季（一九七九到八〇年球季），那年他為休士頓火箭隊出賽，也正好投進了七十三記三分球，高居全聯盟第二，也為其傳奇生涯畫下句點。至於NBA的第一記三分球，是在波士頓塞爾提克主場對上火箭時投進的，那也是貝瑞該季的第一場比賽，目睹了對手創下紀錄不久，[10] 貝瑞自己也出手命中自己在NBA的第一記三分球。

為何拿貝瑞來和柯瑞比較？因為兩人的生涯透過三分球而有了不可思議的交集。在貝瑞為勇士拿下隊史第三冠之後，灣區等了四十年才等到柯瑞為勇士再度奪冠。終其生涯，貝瑞未曾為勇士投出過任何一記三分球，而柯瑞卻可能是勇士隊史無人再能超越的三分球王。一九七五年當貝瑞率領勇士以黑馬之姿打敗大熱門華盛頓子彈奪冠時，NBA的球場上還沒有三分線。到了二〇一五年，三分球已經成為球賽勝負關鍵，柯瑞在總冠軍系列賽就用二十五記三分球將勇士推上頂峰。

貝瑞自己因為打過ABA，所以他知道三分球的威力，即使他從來沒有機會利用三分球為勇士奪冠，但他卻像是一個三分球戰術的先行者，跨越時空和聯盟，提前擁抱了這項新武器。貝瑞象徵著舊時代思維的終結，為勇士和聯盟導入新時代的元素，柯瑞則是將這個新元素提升到前所未有的新高點。若說貝瑞是勇士在兩分球時期的代表人物，那柯瑞就是勇士進入三分球時代之後的第一明星。

柯瑞會是三分鐘熱度嗎？

ＮＢＡ史上單場最高十三記、單季最多四〇二記、跨季連續一百五十七場命中三分球，這些驚人的紀錄都屬於柯瑞一個人。ＮＢＡ在一九七九年球季首度實施三分球規則時，單一球員單季最多也不過投進九十顆，在三十多年後被柯瑞拉升到難以想像的高度。

人說「敬你三分」，對柯瑞來說，人們敬他三分就是因為他能進三分。但若柯瑞只能投三分，卻不能切入上籃，不能組織助攻，不能融入團隊攻守，他也無法贏得比賽和總冠軍。這一點和貝瑞也很像，當年貝瑞在ＡＢＡ打球的時候，因為必須一人扛起全隊的得分重擔，所以發展出了更多元的進攻技巧。這也幫助他在回歸ＮＢＡ之後，成為更成熟的得分機器。

對柯瑞來說也是一樣，他的三分之所以有威脅性，除了準度、速度和遠度之外，還有他出色的運球技巧和過人步法，讓防守者不知道該趨前還是站後。而以柯瑞出手的速度，只需要對手有一絲猶疑的瞬間，他就有投三分的空間。

然而，柯瑞的這一切成就，有可能只是三分鐘熱度嗎？

當每一個想要爭冠的對手都以勇士的隊型為假想敵建隊，當每一個防守柯瑞的球員都變得更高更壯更有經驗，當每一個想成名的新秀射手都以三分線為主要武器時，柯瑞是否還能夠在這些不利的條件之下，打出一如以往的威脅性和不可預測性呢？隨著盛名壓力、新隊友加入，和年紀傷病等種種因子逐漸加總起來的風險，柯瑞光是維持既有水準就已屬不易，更何況要再創新局？若是不能突破，柯瑞的風潮是否即將就此消散？

這些質疑聽來都有道理，但無論別人是看好還是看衰，柯瑞面對困境與挑戰的態度都不曾改變。就像他二〇一七年代言的汽車廣告一樣，「超之在我」這句話點出了柯瑞在球員生涯中不斷力求超越自己的態度。當柯瑞第一次以兩百七十二記三分球刷新單季紀錄的時候，大家都以為隔季他能更上層樓，結果後來他的進球數依舊領先全聯盟，但並沒有超越他自己的紀錄。再過一年，柯瑞又成功地把紀錄往上推高到兩百八十六記，眾人此時又開始猜測他能在下一季突破三百顆大關，結果沒想到他居然一舉創下了四百顆的歷史門檻。無論別人的預期是什麼，柯瑞總是有自己的方式去創造屬於三分球的驚奇。

柯瑞的三分球就如同貝瑞的罰球一樣，都是高效率的得分武器，也是曾被誤解和忽略的籃球之道。柯瑞對於三分球的意義，正如同貝瑞之於罰球一樣，都讓投籃的技藝更為人所知。大概唯一和貝瑞不一樣的地方是，人們都想要模仿柯瑞的三分出手，因為那太帥了。這也是許多專家批評柯瑞的地方，是他讓三分球看起來如此簡單，才會讓年輕一代的球員以為，自己可以像柯瑞一樣輕鬆寫意地在距離三分線兩步的地方出手。從二〇一五年勇士打進總冠軍賽開始，每當柯瑞在前一晚的比賽有驚人的三分表現，隔天全美各地的籃球場上就會看到許多孩子一直在投三分球。

柯瑞三分球的影響力，確實是貝瑞的罰球比不上的。貝瑞和第一任妻子生的四個兒子中，有三個打過NBA，但只有他和第三任妻子生的小兒子肯揚・貝瑞在二〇一七年打佛羅里達大學籃球校隊時，復刻了老爸的經典罰球動作，轟動一時。那時他的罰球命中率之高，只有十二名NBA球員能比他準。[11] 而NBA在二〇一六到一七年球季，才又出現了一位用貝瑞「雙手端盆」方式投籃的球員。他是火箭隊的中鋒奇拿努・歐那古，[12] 菜鳥年的他，利用這個姿勢罰球，結果命中率是百分之百，雖然他只有四次罰球的機會，[13] 但只要他罰球，就會成為當時媒體拍攝的焦點和球迷熱議的新聞畫面。

同樣是新聞，柯瑞的三分球是普遍流行的發燒現象，貝瑞的罰球卻是特別稀少的奇珍異聞。雖然模仿的效應有著天壤之別，但柯瑞的三分球和貝瑞的罰球都有著同樣的象徵意義，他們都將此一得分手段練到爐火純青，成為一個時代的勝景。

貝瑞已老去，柯瑞也將會被年紀和歲月淘洗，他捲起的三分球浪花終會消退，不像櫻木花道永遠是高一新生，永遠有無限未來。人生不像漫畫那樣可以自己設定，一切總是變化得太快，等到回頭去看，才會在熟悉的現實世界中發現和過往不一樣的地方，就像那曾經不存在的三分線一樣。

回頭去看貝瑞到柯瑞的三分球歷史，就像從頭再看一次看了很多遍的漫畫，總能找到新的樂趣。比如說，在井上雄彥老師的插畫裡，其實櫻木一開始並不是穿喬丹六代的球鞋。如果注意看第一卷中首兩章的內頁插畫，櫻木腳上穿的都是紅白色的喬丹五代，但後來的設定卻是讓流川楓穿上這雙鞋。為何改了？是否錯了？不知道，但這卻成了有趣的發現。

正如柯瑞的三分球一樣，回過頭來，才看得到不一樣。

4 就4論4

「四」這個數字因為讀音，在華人文化裡總是有些禁忌。對柯瑞來說，面對這個數字，當然沒有這樣的心理壓力。而講到「四」這個數字，在籃球場上最棒也最常發生的事情，大概就是在他三分出手時造成對手犯規，然後順利完成四分打。但三分球出手次數最多的柯瑞，是不是聯盟中完成最多四分打的人呢？

經常有人說「大三元」（Triple-double），也就是單場個人攻守數據中有三項出現雙位數字，最常見到的就是得分、籃板、助攻大三元。至於「大四喜」（Quadruple-double），則是有四項個人單場數據上雙，ＮＢＡ史上只出現過四次，而柯瑞是否有這樣的紀錄？

在討論這些與「四」有關的紀錄之前，倒是可以先看看一個關於「四」的有趣巧合，就發生在柯瑞與勇士簽下的第一份延長合約之上。

如果你是王建民的球迷，你該知道柯瑞為何在第四年簽下四年四千四百萬的合約

四這個數字，若是加個〇，就是台灣棒球迷最熟悉的背號，也就是王建民的四十號。打棒球的王建民雖然和柯瑞並沒有直接的關係，可是兩人在與其球團討論新秀合約之後的第一筆合約的過程，就存在著很有意思的比較性質。

許多人在王建民之前，並不了解大聯盟的各項規定，當時的王建民像是個先行者，向國內的球迷、球員及球團介紹著另一個國家發展超過百年的職棒制度，這也讓台灣的職棒環境能因為借鏡而有所改善。

按照美國大聯盟的制度，一般球員的年資必須滿六年才能取得自由球員資格，然後才能在交易市場上拚實力、試水溫、衝身價。在這之前，球員只能依照新秀合約的內容支薪。頂尖新秀若是一鳴驚人，早早打出成績，薪資仲裁就是他們能拿到更高薪水的機會。就以王建民來舉例，王建民是在二〇〇〇年確定與洋基簽約，進入洋基小聯盟體系開始訓練。在二〇〇五年正式升上大聯盟開始，在〇六年及〇七年連續投出十九勝，於是在二〇〇八年憑著「超級二年級生」（Super 2）的特別條款規定，提前取得薪資仲裁資格。[1]

說是提前，是因為一般規定新人球員從升上大聯盟開始起算，唯有待滿三年，才能向球團談判下一季的薪水。當年的王建民雖然年資未滿三年，但是他在大聯盟的登錄天數，在滿兩年但未滿三年的所有球員中排在前百分之十七（後來放寬為百分之二十二），所以有資格提前申請薪資仲裁。

一般來說，只要在球隊效力三季，就有資格申請薪資仲裁。但在此之前，球員及球團會各自提出合約價碼進行協商，若是談不攏，才會交由第三方的仲裁官來裁決。由於薪資仲裁是要舉行聽證會，然後雙方具陳己方應該獲勝的理由，好爭取仲裁官的認同，所以過程肯定會有許多攻防和火花。一般而言，若是價碼差距不大，球員的成績又很突出的話，球團通常會避免走上這條路，而提前與球員續約。[2]

先來看看王建民逐年的薪水變化，根據Baseball Reference的資料，王建民在二〇〇六年的薪水是三十五萬美金左右，〇七年因為拒絕與球團直接續約，所以被罰款而成為四十五萬美金，〇八年王建民經紀團隊提出四百六十萬年薪的要求，在經過薪資仲裁之後，由洋基提出的四百萬勝出。[3]

從王建民的例子來看，他在申請仲裁之前連兩年拿下十九勝，提出的價碼和球團的報價也只有六十萬的差距，理論上應該是不用進入仲裁程序。像是二〇一〇年的巨人強投林瑟康也符合「超級二年級生」條款，而他連兩年拿下投手最高榮譽的塞揚獎，所以提出的價碼是驚人的一千三百萬，而巨人則是出價八百萬，[4] 經過協商之後，巨人決定先和他簽下兩年兩千三百萬的合約。[5]

若是真的進入仲裁程序，林瑟康很可能會打破二〇〇八年費城人強打霍華德的首年仲裁紀錄，當年霍華德是以一千萬的年薪勝出。而回顧洋基歷史的仲裁紀錄，他們對陣中新秀的態度倒是一直沒變，就算是基特或是李維拉，就算差一點也是照樣不讓。[6]

從這一點就可以看出，球團的作風和立場會影響單一規定的實際執行方式，同樣擁有出色的成績，但並不一定會得到相同的結果。從球員的角度來看，超級二年級生條款的原意是一項保障制度，希望能讓打出成績的新秀球員有機會能儘快取得更符合自己身價的薪水，但也有球團為了留住頂級新秀，不惜把已經具有大聯盟實力的潛力新秀壓在小聯盟拖時間，藉此來避免提前進行薪資仲裁，像是芝加哥小熊就曾經因此而被各方抨擊。[7]

換句話說，球團怎麼看待球員，正是影響其接下來合約內容的關鍵。表現出色的職業棒球員通常在滿三年之後，會透過薪資仲裁在第四季開始大幅調整薪水，以取得符合身價的報酬。而柯瑞在他的第四年談合約時，卻是完全不一樣的故事。

和棒球不同，經過選秀進入ＮＢＡ的首輪新秀通常都會是球隊的即戰力，雖然ＮＢＡ也有自己的小聯盟體系NBA G League（原名發展聯盟NBA D-League，從二〇一七年球季開始由開特力冠名贊助而改名為G League），但不像ＭＬＢ球員那樣需要通過多年及多階的農場歷練才能升上大聯盟。你很少聽到NBA狀元上不了場（除非受傷），但你不常聽到MLB的新科狀元能直升大聯盟（除非天才）。事實上，從一九六五年以來的MLB選秀狀元中，只有三人曾獲得新人王，截至二〇一七年為止更只有小葛瑞菲一人入選棒球名人堂，和NBA的生態大相逕庭。

兩聯盟的新秀球員對於球隊戰力的影響力不同，影響所及，NBA的新秀合約規定也和MLB不一樣，它以固定比率計算，依據新秀球員的選秀順位而有所不同，同時也沒有所謂的薪資仲裁制度，也沒有像王建民那樣的「超級二年級生」條款，這也讓柯瑞在談延長合約時的選項少了許多。[8]

從柯瑞前四年的薪水變化來看，第七順位進入勇士的他在第一年的薪水就有兩百七十一萬，遠遠高過王建民在大聯盟第一年的三十五萬薪資。而柯瑞到了第四年時，依規定是以第三年的薪水為準，加薪百分之二十七。接下來第五年開始談薪時，球團必須依其第四年的年薪為準提出合格報價，漲幅至少是百分之三十四．一。這些加薪幅度的百分比，都依選秀順位而有所不同，像是同年的狀元葛里芬在第四年的加薪幅度是百分之二十六．一，第五年的合格報價漲幅則是百分之三十。但因為葛里芬第三年的薪水是五百七十三萬，柯瑞只有三百一十一萬，兩者的母數有所差異，所以加薪之後，葛里芬第四年的年薪已經衝破七百萬，柯瑞則仍不到四百萬。

除了聯盟的規定之外，柯瑞自己的傷勢也影響了他談薪的條件。二〇一二年要簽約前的柯瑞，雖然是球團看好的潛力球星，但還沒有像王建民或是林瑟康那樣拿出領先全聯盟的個人成績，而且柯瑞其實已經受困於右腳踝反覆出現的扭傷好一陣子了。

柯瑞的腳踝，在進入聯盟初期一直被視為他的不定時炸彈。他在大學時代沒有什麼明顯的腳踝傷勢，NBA的菜鳥年也沒什麼問題，還差一點拿下新人王。但他卻在二〇一〇年入選美國隊參加西班牙世界盃時扭到左腳踝，後來在第二年開季前，更因為左腳踝沒有復原，而下意識地依賴右腳踝出力，導致他第一次傷到右腳踝。從此這個右腳踝的傷勢就一直纏著他，甚至在沒有外力碰撞的情況下也會受傷。

巧合的是，他在第二季受過四次扭傷之後，決定開刀根治，但在手術之後的第三季，他又受了四次傷。這樣的傷「四」如影隨形地跟著他的腳踝，也打壞了他的身價，許多人開始擔心他會不會像前活塞球星葛蘭特．希爾那樣，被難以解決又無法解釋的反覆踝傷給搞砸了原本無可限量的職業生涯。

所以柯瑞的第四季是在接受第二次手術後才開始的，當時唯一的好消息是醫生開刀之後發現柯瑞並不需要進行腳踝重建手術，只是清除了一些碎骨而已。如果是置換韌帶這種重建的大手術，不只復原期長達半年，復原之後也不能保證球員就能找回原來的爆發力。很可能會像希爾那樣，雖然術後仍舊能在NBA生存，但已不復當年一線球星的身手。

柯瑞是在這樣充滿懷疑和不安的氛圍中，在第四年球季的第一場比賽決定和勇士簽下延長合約。柯瑞自己回憶這段過程，那時是在對太陽的開幕戰之前，他在鳳凰城的飯店裡和當時的總教練傑克森及新任總經理邁爾斯完成簽約手續。柯瑞說在簽字之前他就知道自己領的比其他同梯球員來得少，但他很開心自己至少能在ＮＢＡ打四年，這筆合約也夠他照顧家人。[9]

當時這筆投資在外界看來，反而是勇士一方承擔了較大的風險，畢竟沒人能預估兩度開刀的柯瑞究竟能不能徹底克服腳傷，也完全沒人想得到他會是日後的兩屆ＭＶＰ，眾人只看到勇士過往簽下了一堆難以回收的賭注式合約。

只是這一次，勇士賭對了。

柯瑞在簽下這筆新約之後不只打出驚人的三分球紀錄，期間為勇士帶回兩座冠軍，他更連續五年每季至少先發七十八場例行賽，不再因傷長期缺陣。這份在第四年簽下的四年四千四百萬合約，不只沒有讓柯瑞的生涯走入死胡同，反而讓勇士有更多的薪資空間，把後來的總冠軍戰ＭＶＰ伊古達拉給簽下來，也能和湯普森和格林續約，甚至讓簽下杜蘭特成為可能。

從這個角度看來，也有人認為就是因為ＮＢＡ沒有薪資仲裁的規定，所以勇士才有辦法留下像柯瑞這種等級的新秀球員，進而打造出超級球隊。[10]雖然超級球隊的形成，對於ＮＢ

A的整體發展是好是壞還沒有定論，但勇士已經因此得以創造自己的歷史。

這第四年的合約談判及薪水轉折，無論對球員、球隊，乃至於整個聯盟的發展，都有著微妙的影響。而在比較過王建民和MLB的制度之後，更可以看出柯瑞在NBA第四季時簽下的這四年合約的影響力和關鍵性。

究竟四不四？

究竟柯瑞是不是聯盟中最會「四分打」的球員呢？在柯瑞生涯三分出手次數最多的二〇一五到一六球季，他總共出手八百八十六次，雖然他以四成五四的命中率飆進破紀錄的四〇二顆三分彈，但柯瑞在那一季中完成四分打的紀錄卻只有兩次。該季最強的四分打之王是拓荒者後衛里拉德。以關鍵決殺球在NBA打響名號的里拉德，該季曾七度在三分線外得手並造成對手犯規，這七次罰球機會里拉德也全數把握住。

到二〇一八年七月為止，柯瑞拿下四分打的單季最高紀錄是二〇一三到一四球季的七次，當時他也是七罰七中。而二〇一六到一七年球季時，他則是五罰五中，但不及當季暴龍隊後衛羅瑞和快艇瑞迪克的七次。而近年來最能在三分線外造成對手防守犯規的球員，就屬火箭的大鬍子哈登，他在二〇一八年拿下例行賽MVP時，該季曾獲得高達十四次四分打的機會，他也拿下了其中的十三次。[11]

要想看到單一球員頻頻演出四分打，基本要件是三分要夠準，打球要夠聰明，也要擁有過人的技巧才能晃起對手的防守重心，同時本身的體能條件及身體素質也要夠，才能在肢體碰撞之後保持身體的平衡和投籃的手感。像二〇一二年十一月的一場比賽，勇士在主場對上籃網，第三節結束前柯瑞帶球快攻到前場，在弧頂位置外一步就突然拔起來出手，同時造成對手犯規。這時可以看到柯瑞伸出手指，硬是數了四次來激勵自己。[12]

不過，在上述這些條件之外，柯瑞也創造出了一項例外。柯瑞的四分打沒有想像中來得多，主要的原因還是在於他的出手速度太快，有時出手距離又實在太遠，對手根本還來不及反應，甚至還沒有起意防守，柯瑞就已經出手了。

而在柯瑞不斷拉遠三分球的出手距離時，更有人提議NBA應該增設「四分球」的規定。[13]雖然許多人，包括勇士總教練柯爾在內，都不認為有此必要和可能性，但想想當年的三分球，也是在大家嗤之以鼻的情況下一步一步成為可能，或許四分球會是未來NBA的選項之一也未可知。

史上僅四次的大四喜

最後就是大四喜的紀錄了，要在得分、籃板、助攻、抄截及封阻五項個人數據中，單場同時拿下四項雙位數的成績可說是難度極高，所以NBA史上也僅僅只有四人達成此項紀錄。要達成這樣的紀錄，除了球員的個人能力之外，還得要點運氣。因為NBA要等到一九七三到七四年球季之後，才開始加計抄截及封阻兩項數據，所以在此之前的球員，連達標的基本時空條件都沒有。

柯瑞生涯雖然並沒有達成過這項紀錄，但勇士卻和大四喜紀錄存在著巧妙的關聯。NBA史上第一位創下大四喜紀錄的球員，是一九七四年的奈特．瑟蒙德，他以二十二分、十四個籃板、十三次助攻及十二個火鍋締造歷史紀錄。瑟蒙德其實是勇士隊的傳奇中鋒，從一九六三年第三順位被舊金山勇士選入之後，原本擔任隊上第一中鋒張伯倫的替補，而在張伯倫被交易到費城七六人之後，瑟蒙德就此獨當一面，生涯最高點都在勇士度過，他的四十二號球衣也被勇士退休。

說來也巧，就在NBA加計兩項個人數據的下一季，瑟蒙德就被交易到芝加哥公牛隊，轉隊才一個月，瑟蒙德就在對上亞特蘭大老鷹隊的比賽中拿下大四喜紀錄。有趣的是，瑟蒙德在公牛待了兩年之後又被交易到騎士，只在克里夫蘭待了一年的他後來背號也被騎士退休，但這個在芝加哥創下歷史紀錄的四十二號並沒有被公牛球團正式退休。

而第三章提到的勇士名將瑞克・貝瑞則是差一點點就能創下大四喜紀錄。就在瑟蒙德創紀錄之後十天，貝瑞在對上水牛城勇士隊（即後來的洛杉磯快艇）時，拿下三十分、十籃板、十一助攻及九抄截。只差一步，貝瑞就能緊接著瑟蒙德之後成為史上第二人。

然而，一切就差這麼一點。

而在一九九四年馬刺中鋒大衛・羅賓森再度創下大四喜之後，二十多年來再也沒人能躋身這個只有四人的頂尖團體。有時紀錄就是會錯身而過，勇士兩度無緣拿下此一紀錄，而從柯瑞的單場最高紀錄來看，他曾分別拿下五十四分，十四籃板、十六次助攻和七次抄截，柯瑞是否會在某一天打出驚奇的大四喜，也並非不可能的「四」。

5

5與倫比

「五」這個數字，在籃球場上最重要的意義，就是一隊只能派五名球員上場。如何調配這五個人的組合，打出最佳的團隊戰力，正是球隊獲勝的關鍵。

二〇一八新球季的勇士先發五人，想當然必定會有柯瑞、杜蘭特、湯普森及格林等四星在列，而有了明星中鋒卡珍斯的加入，配合原本能打先發的第六人伊古達拉，滿手王牌的勇士有能力排出明星賽等級的先發五人。但若思考勇士過往漫長的歷史及眾多名人球星，又該如何調配出「五」與倫比的五人組合呢？這個問題純粹見仁見智，各有看法及立場，但若換個角度去想：「當勇士打入決賽，總教練若是想要挑選史上最具有總冠軍戰經驗的球員上場，該派出什麼樣的五人先發最有說服力？」這就有討論的依據及想像的空間了。

綜觀勇士隊史，曾代表勇士在總冠軍戰出賽的招牌球員裡，就屬四度出場的柯瑞最資深，他已先占了一席。勇士曾拿下過六座總冠軍，歷來共有十八位名人堂球星待過勇士，目前共有六名球員獲得背號退休的殊榮，[1] 若要從這些傳奇球星名單中，挑出四人和柯瑞搭配成最強的總冠軍戰先發五人，又會是怎麼樣的組合呢？

如果你是勇士球迷，你該知道柯瑞為何是史上最強的總冠軍戰先發五人

在柯瑞降臨金州勇士之前，這支球隊已經有著十分光榮的過往及歷史。它的年紀大到連NBA都要叫它一聲「哥哥」，但在柯瑞出現之前，勇士的招牌確實比不上紫金湖人和綠衫軍塞爾提克那樣歷久彌新，也不像喬丹的紅色公牛那樣全球知名。在進入二〇〇〇年之後，勇士就像是一個黯淡多年的老店，掙扎地想要重生，它換過顏色，改過吉祥物，找來新的球場贊助商。就在柯瑞為灣區帶回久違的冠軍之前，這支老牌強隊曾經失落了四十年。

但它確實輝煌過。

金州勇士的歷史可以回溯到七十年前，甚至早於NBA這個名字。一九四七年的費城出現了這支職業籃球隊，各老闆決定延用費城之前一支已解散的「美國籃球聯盟」（American Basketball League）球隊的舊名，希望藉由這個當地球迷熟悉的名字，為新球隊快速注入生命

力。

新生的勇士成功得很快，成軍第一年就打下冠軍，但下一個冠軍卻等了快十年，而第三個冠軍更等了快二十年，當時沒有人想到第四個冠軍得等四十年，同樣地，二〇一六年時也沒有人想到勇士的第五個冠軍得再多等一年。

因為二〇一六年本該是勇士二連霸的一年，順理成章地登上聯盟之頂的一年，但意外地，七十三勝的勇士落馬，復仇成功的騎士上位，克里夫蘭終結了北美職業運動史上最久的冠軍荒年。詹姆斯成就了他在克里夫蘭的歷史定位，柯瑞則開始了另一段證明自己的旅程，在二〇一七年為勇士奪下第五座冠軍，並在二〇一八年完成隊史首度連霸。

其實過往勇士在總冠軍系列賽的表現，就是這樣充滿了驚奇、嘆息和不可預期。在勇士隊史上，每一段輝煌的年代都有像柯瑞這樣具有代表性的巨星。若只看勇士過往的總冠軍系列賽的戰史，就可以挑出無與倫比的五人組合。

在二〇一八年以前，勇士隊史共九次打進總冠軍戰，僅次於湖人及塞爾提克，而與費城七六人並列史上第四位。巧合的是，早期的勇士和費城這座城市一直有著糾結不清、切割不斷的恩怨情仇。在費城成軍的勇士是美洲籃球協會（Basketball Association of America, BAA）的創始球團之一，並在一九四七年就拿下聯盟成立之後的第一個冠軍。一九四九年ＮＢＡ在兩聯盟的合併案之後正式誕生，也決定承認勇士這個ＢＡＡ時期的元年冠軍。

當時的勇士能夠奪冠，靠的就是隊上一九六公分的大前鋒喬・福克斯，他以二十五歲的菜鳥之姿搶下聯盟第一座得分王，也為費城帶來第一座ＮＢＡ冠軍金盃。

福克斯就像一九四〇年代的柯瑞。那時的他，不斷用充滿威力的進攻讓觀眾看到職業籃球的強大魅力，屢屢刷新個人的得分紀錄。他在職業生涯的第八場比賽就轟下全聯盟該季最高的三十七分，然後連三季將聯盟個人單場得分最高紀錄一路往上推，他在一九四九年的單場六十三分紀錄，高懸十年之後才被超越。

想想看，在那個草創的年代，籃球場上不只沒有三分線，每次攻擊時間也沒有限制，進攻節奏很容易變慢，得分手段不多，效率也不高，單隊的單場得分很少超過七十分。但福克斯就是有辦法打出豐沛的得分能量，靠著切入及跳投兩大攻擊技巧席捲球場，而他跳投取分的打法也被視為當時外線攻分的典範之一。

如果說柯瑞重新定義了三分球，福克斯就是給跳投下了最初的定義。

雖然費城勇士在福克斯的突出表現下，連兩年打進決賽，但在第二年輸給巴爾的摩子彈隊之後（這支子彈隊和後來一九七五年與金州勇士爭冠的華盛頓子彈一點關係也沒有），就此陷入第一度的冠軍荒。直到ＮＢＡ正式成立之後的第七年，費城勇士才再度拿下冠軍，以四比一打敗韋恩堡活塞隊（這支活塞隊和後來的底特律活塞就有關係了，有時談到ＮＢＡ早期歷史真的會令人頭昏），勇士也正式在這個新興聯盟取得自己的歷史高度。

這座一九五六年拿下的冠軍，是靠當時陣中的三巨頭保羅．亞瑞金，湯姆．葛拉及尼爾．強森共同撐起來的，有別於第一座冠軍的福克斯個人秀，這個鐵三角的組合打出了另一種勇士的風貌。

不過很快地，勇士又迎來了一個孤星閃耀的年代。一九五九年，號稱ＮＢＡ史上第一中鋒的張伯倫經由「地緣選秀」（territorial pick）進入費城勇士。張伯倫因為大學沒有畢業，不符合當時ＮＢＡ的選秀規定，所以他決定先去打了一年的哈林籃球隊，然後才藉由地緣選秀進入ＮＢＡ。

什麼是「地緣選秀」？這是當年聯盟為了培養在地球迷支持度而發展出來的一種選秀制度，每一年選秀之前，各隊可以選擇放棄首輪選秀權，改使用「地緣選秀」來挑選自己主場所在地方圓五十哩以內的大學球員進入球隊，其目的就是藉由這些在地方上已有名望的大學球員入隊，來爭取社區的在地認同，希望人親土親，球隊和社區能夠成就一家親。雖然這些球員是在首輪選秀開始之前就被選走，但他們並不被計入正式的選秀順位，而以「地緣選秀」標示之。

費城正是張伯倫的出生地，他和這塊土地有著鎖鏈般根深柢固的連結。即使後來勇士西遷加州，他仍是藉由交易回到了費城的新球隊七六人。張伯倫入隊之後，隨即成為勇士的招牌巨星和進攻第一核心，不只在菜鳥年拿下新人王，更為勇士奪下隊史第一座例行賽ＭＶ

P。而要到五十五年之後，勇士才又出現另一位MVP。

張伯倫以超人般的運動力和絕對優勢的高度稱霸全聯盟，從新人年開始就寫下得分王七連霸，更在一九六二年攻下一百分的驚人單場得分紀錄，就像柯瑞單場十三記三分球那樣不可思議。

但就在那一年球季結束之後，費城勇士也正式易手，並西遷到灣區成為舊金山勇士。一九六三年，隨著背號四十二號的長人奈特．瑟蒙德被選入球隊，剛搬家的勇士擁有了看似華麗無匹的明星雙塔，並一舉重返總冠軍戰。

不過這套嚇人的內線陣容並沒有持續多久，勇士以一比四不敵當年冠軍塞爾提克之後，隔年季中就將張伯倫交易到費城七六人隊。勇士也馬上嚐到苦果，單季只拿下十七勝，全聯盟墊底。但有意思的是，若不是這一季的墊底，勇士也不會取得下一季的兩個首輪籤。他們先用狀元籤選了柯瑞在戴維森學院的大學長佛烈德．黑佐，榜眼籤則迎來了改變球隊歷史的瑞克．貝瑞。

雖然柯瑞的大學長沒有發揮應有的狀元威力，但貝瑞卻是一鳴驚人，先是以新人王之姿帶領球隊拿下三十五勝，勝場數足足是前一季的兩倍，再下一季就讓勇士重返總冠軍賽，對上被認為是當時聯盟最強的費城七六人。勇士在一九六七年的決賽中苦戰六場，才以二比四敗下陣來。

費城七六人是在勇士西遷之後一年，才從雪城國民隊遷入費城，成為該市的新球隊。他們不只取代了勇士原來在費城籃球迷心中的位置，也交易來了勇士的明星中鋒張伯倫，最後更從勇士手中拿走總冠軍，這算是一次費城球迷對勇士的大復仇。從那之後四十年，勇士五度打進決賽只有一次輸掉冠軍，就是二〇一六年那一敗。

回想起來，柯瑞帶領的七十三勝勇士在二〇一六年輸掉的總冠軍賽，也帶有濃濃的復仇味道。因為才在前一年，詹姆斯重回克里夫蘭騎士，並與厄文及勒夫組成新一代三巨頭，為這座已等待超過五十年的無冠城市燃起了強烈的希望。結果在兩位左右手先後受傷的情況下，詹姆斯以一人之力撐起總冠軍賽，最終還是擋不住多點開花的勇士登頂。長達五十二年的職業運動大乾旱期間，這座城市的運動迷歷經了美式足球布朗隊的背叛離開，全市最老牌的印弟安人隊從一九四八年就破不了的纏身魔咒，和騎士隊從一九七〇年成立以來就開始的冠軍荒，所以能夠在總冠軍戰打敗前一年奪冠失利的對手，而且還是從號稱史上最強的無敵勇士手中完成空前的大逆轉，這一記積壓多年的復仇之鐘確實敲得震天價響。

一九六七年之後，勇士直到二〇一六年才第一次輸掉總冠軍戰，但這其實是因為勇士除了一九七五年之外，一直都打不進決賽。領導勇士在一九六七年血戰七六人的新世代球星貝瑞，才入團兩年就跳槽離隊，前進對手聯盟ＡＢＡ，還在同城的奧克蘭橡樹隊出戰。失去貝瑞的勇士，只能靠著瑟蒙德一人支撐，並在一九七一年正式改名為金州勇士。等到貝瑞回歸

ＮＢＡ之後，才在一九七五年打入總冠軍戰，對上當時最被看好的華盛頓子彈隊。結果冷門的勇士硬是以黑馬之姿，用四連勝橫掃子彈隊，拿下隊史的第三座冠軍。

在拿下第三座冠軍之後，八〇年代末的勇士雖然一度又靠著唐．尼爾森的跑轟戰術及著名的「ＴＭＣ」連線重振聲威，在提姆．哈達威、米奇．瑞奇蒙及克里斯．穆林三人的帶領下，打出當時蔚為新風潮的小球進攻，但始終無緣再打入決賽。一直要到柯瑞以強悍無匹的三分球為當年的小球戰術進行最關鍵的升級，勇士才得以重返總冠軍戰，並拿下第四、第五及第六冠。

六座冠軍，十次總冠軍戰，點出了五位無與倫比的勇士球員，他們分別是首代的福克斯，二代的張伯倫、三代的瑟蒙德和貝瑞，以及現代的柯瑞。這五人當中，雖然少了三位退休背號的勇士名將，張伯倫和瑟蒙德更未曾為勇士奪下冠軍，但他們在總冠軍戰的表現，和獨樹一格的個人進攻能力，卻和柯瑞的特色及地位極為類似，成為許多人心目中最強的總冠軍戰勇士先發五人名單。

五所不能：首度連霸

費城勇士先在BAA奪冠，然後在NBA登頂，西遷到灣區改名為舊金山勇士後，則是一冠未得，直到了金州勇士時期才拿下四座冠軍。在這六次拿下冠軍的總冠軍系列賽中，前三次勇士分別是四比一，四比一，四比〇擊敗對手，而最近三次則是四比二、四比一及四比〇。說起來，之前奪冠的勇士總共只失手了兩場比賽，可說是完全宰制對手，而柯瑞卻在總冠軍賽吞下了三敗。但他是上述五人組當中，唯一能三度奪冠的人。

柯瑞目前為勇士拿下了三座冠軍，而在第四冠和第五冠之間，夾著令人五味雜陳的二〇一五到一六年球季。勇士從例行賽的峰頂摔到總冠軍戰的谷底，關鍵無疑就在柯瑞一人身上。他那年在季後賽受傷，打得掙扎，全隊攻勢也隨之停滯。由此也可以看出，柯瑞才是勇士能拿下七十三勝的唯一原因。勇士只有在他打得好的時候，才能打出所向披靡的華麗球風。

而在二〇一八年以前的勇士，從來沒有完成過連霸。綜觀勇士之前的總冠軍戰史，他們從來沒有把握住連霸的機會。成軍的頭兩年都打入決賽，但只在第一度掄元。一九五六年的第二冠，只是五〇年代的曇花一現，就連單場能拿一百分的張伯倫也無法帶領勇士重返榮耀。而一九六七年及一九七五年雖然都在同一位球星貝瑞的帶領下殺入總冠軍戰，但仍是無法開創連霸王朝。

為勇士拿下第六冠之後，柯瑞改寫了勇士的冠軍命運，達成隊史的首度連霸紀錄。二〇一八年的勇士第十度打進總冠軍戰，也甩開費城七六人的歷史糾纏，獨居史上第三。勇士追平了喬丹公牛的六座冠軍紀錄，正式躋身聯盟冠軍史的前三強。勇士連續四年對戰騎士，也成為了這一個世代的湖人對塞爾提克。

在二〇一八年之前，NBA總冠軍賽史上之前從未出現連續四年上演同樣的對戰組合，即使史上交手最多次的塞爾提克對湖人，也未從有過這樣的紀錄。塞爾提克和湖人曾十二度在總冠軍戰碰頭，其中更曾經四度連續兩年交手。拜塞爾提克所賜，湖人雖然是史上打進總冠軍賽最多的球隊（三十一次），但也輸掉了史上最多的總冠軍（十五次）。

即使在那樣兩強鼎立爭霸的年代，也不曾出現勇士對騎士這樣的四連戰情況。勇士的第六座冠軍之所以特別，正是因為勇士連四年面對同一個對手之後所拿下來的。而在成為聯盟第七支二連霸的球隊之後，勇士得以挑戰塞爾提克、湖人及公牛的紀錄，往史上第四支三連霸隊伍邁進，而一切就是從這隊史第六冠開始往上走。而在詹姆斯確定離開騎士，轉戰湖人之後，勇士對騎士的世仇對決恐怕就此告終，在追求第七冠的路上，柯瑞及勇士也將展開完全不同的旅程。

第二節：家人眼中的大男孩

首節的交戰結束，比賽進入第二節。場上賽況的發展態勢也許還不明朗，勇士仍在熱機，雙方或許還有所拉鋸，但柯瑞可能已經打出第一波高潮，完全抓住了大家的目光，所以鏡頭開始不斷地帶到場邊坐著的柯瑞家人。柯瑞的家人總是他的支柱，也常在重要的比賽到場為柯瑞加油。他們總是媒體捕捉的焦點，也因為柯瑞而讓他們成為全球熟知的公眾人物。他們眼中的柯瑞是什麼樣子？在場外的柯瑞又是怎樣的人？第二節這五章要關注的，是柯瑞在場外的另一個深度。

6 對6歲孩子的堅持

一九九四年，柯瑞六歲，他的爸爸戴爾．柯瑞（Wardell Stephen "Dell" Curry I）三十歲，正在夏洛特黃蜂隊準備展開第九個NBA球季。身穿三十號球衣的老柯瑞才剛全勤出賽八十二場比賽，並創下個人生涯三分球新高紀錄，他出手三百七十八球，單季三分球命中率是四成〇二。

當時的老柯瑞並沒有想到，自己的大兒子也會穿上三十號球衣，在二十二年後成為聯盟MVP，並且單季命中四〇二顆三分球。

這只是一個數字的巧合，但柯瑞會走上籃球這條路絕不是偶然，也和父親脫不了關係。從小耳濡目染，進出NBA球場看爸爸打球，柯瑞自然對籃球有嚮往，而他三分出手的手感和天份，也有著老柯瑞的籃球基因。然而，老柯瑞卻和其他的NBA老爸不同，在兒子沒有決定之前，他完全不去插手，放任他自由發展。

也許，這也是柯瑞能夠成功的原因之一。

如果你是爸爸，你該知道怎麼不去教六歲的柯瑞打球

很多人可能不知道，柯瑞的名字其實不只是史蒂芬，他出生時的全名是沃戴爾．史蒂芬．柯瑞二世（Wardell Stephen Curry II），也就是完全以他爸爸的名字取名。以父之名，就此注定了他未來的命運將承繼爸爸在NBA成就。[1]

柯瑞出生在艾克隆，這裡不僅曾是美國的輪胎工業首都，也是柯瑞後來在NBA最大的對頭詹姆斯出生的地方。一九八八年，老柯瑞生涯十六年只效力克里夫蘭騎士這一季，正好就是柯瑞出生的那一年。也因為爸爸的關係，讓柯瑞和詹姆斯從小就有不解的淵源。

乍看之下，老柯瑞似乎對於小柯瑞的NBA生涯有著決定性的影響力，但難得的是，他並沒有一開始就要求兒子一定要打籃球。一般人當爸爸之後，可能都會想著讓兒子克紹箕裘，希望他能為自己完成未竟的夢想；又或者是望子成龍，為了不讓孩子輸在起跑點，從小就開始用心培養。和一般的爸爸不同，老柯瑞雖然很早就看到了兒子的籃球天份，卻是先採

取自由放任的態度。

從小老柯瑞就讓兒子接觸各種運動，之後才讓他自由地去選擇自己真正喜歡的籃球。而看到兒子用奇怪的方式出手時，他也沒有立刻干涉。老柯瑞一直等到柯瑞打完高中校隊的第一個球季，在他自己決定要成為一名職業籃球員之後，才出手教導他調整投籃的姿勢，開始全力支持他走籃球這條路。

等待，讓孩子自己找到心中的最愛。父親的堅持，確實用心。

柯瑞是否靠爸？

這個提問有點棘手。畢竟台灣從星二代藝人開始竄紅，再加上某些具爭議性的言行引發議論及報導之後，帶有貶意的「靠爸」，就被媒體及一般大眾拿來做為審視一個人為何能成功的一種批判性用語。柯瑞若是沒有爸爸的基因、名氣和教導，他是否還能在NBA闖下名號，確實難說。

某些職業因為具有強烈的排他性，需要特殊人脈才能拓展其工作上所需的資源，而當第二代取得的成就和自身實力的相連度較低時，就非常容易引起外界的批評。這一點在社會的貧富差距被拉大、對立情緒被激化之後，「靠爸族」已成為帶有不平之鳴的代名詞，也形成了一種負面的標籤。

「靠爸」的現象在NBA也很常見，像是紐約尼克的小哈達威，或是洛杉磯湖人的小南斯，他們在選秀時都因為父親響噹噹的名頭而聲勢驚人。而二〇一七年爆紅的話題球爸老鮑爾，雖然他從沒打過NBA，但靠著放話及媒體造勢，硬是將他的大兒子鮑爾推上了當年選秀榜眼的位置。

但光是靠爸，最多只能拿到打NBA的入場券，真正要擺脫靠爸的形象，還是要靠自身的實力來證明自己。就以入選名人堂的NBA球星來看，這些爸爸們大多沒有卓越出色的下一代，兒子打籃球的人已是少數，能打進聯盟更是稀少，接下來想在競爭中脫穎而出成為球星，成功的例子真的是鳳毛麟角。

在聯盟裡打球的年輕球員，若是有個明星老爸，其實壓力遠大過助力。爸爸的成就愈大，兒子的壓力也就愈大，因為他們是備受期待的巨星接班人。NBA歷代的超級巨星老爸多半會感歎後繼無人，強如飛人喬丹，兩個兒子卻連NBA也打不進去。

不可諱言地，柯瑞確實有靠爸爸的影響力而獲得一些好處。比如說，靠著可愛的外表，柯瑞從小就多次在廣告中出鏡，和老爸一起上電視演出。長相來自遺傳，這能否算是「靠爸」的一種呢？

而在柯瑞打出耀眼的高中球季之後，受限於他不夠出色的身材條件，NCAA各家的一級強隊依舊沒將他放在心上。根據當時戴維森學院助理教練福克斯的說法，他們召募新生球員的遴選條件之一，就是看他的父母有沒有打球。[2]從這一點看來，柯瑞也是靠著老爸曾經打過NBA，而讓當時的戴維森學院願意賭一把，提供給他全額的籃球獎學金，這也成了影響他籃球生涯的關鍵之一。

至於在球技養成的過程中，柯瑞也確實有靠爸爸的鼓勵和指導，才能克服身材的劣勢，一路往上發展。老柯瑞曾在一九九八到九九年賽季創下聯盟當季最高的三分球命中率（四成七六），他注意到了高一的柯瑞在投籃出力的方式和出手點的位置有問題，使得他在出手時常被對手封蓋掉。所以他要求柯瑞修正動作，拉高出手位置，更加快了出手的速度。柯瑞就在這樣的基礎上不斷地練習，強化自己的三分投射能力，才打出驚人的高中球季。而後來受到傷勢困擾時，也是爸爸引導他度過一個又一個的黑暗期，完成艱難的復健。

除了正確的籃球觀念之外，老柯瑞也給了柯瑞良好的訓練環境及條件。第一章提到過柯瑞代言的「從頭教起」訓練中心，它是美國一家私人體能教練平台，而柯瑞與這個品牌的關係並不只是代言而已，他本身也是股東之一。他曾說自己之所以會投入這個品牌，正是因為他本身的成功正是得益於私人教練的幫助。

一般人可能認為他的私人教練就是他父親老柯瑞，事實不然，因為有老柯瑞的支持，讓柯瑞從中學時代開始，就有專人協助他進行訓練，在技術層面上為柯瑞量身打造訓練菜單，然後一一盯著他完成。也是因為這樣，他才有辦法克服先天上的諸多不足，打到今天的地位。[3]

由此看來，「靠爸」其實可以轉換成其他較正面的用語，像是家學淵源或是耳濡目染。細細體察之後更會發現，老柯瑞的用心和柯瑞的努力，才是其成功的關鍵。爸爸帶來的影響固然存在，但系出同門，柯瑞的弟弟賽斯·柯瑞就沒有像他哥哥一樣出色。雖然一樣打進聯盟，但賽斯生涯大半仍是載浮載沉，輾轉各隊，就連上場時間都不穩定，由此也看得出柯瑞的獨特之處。

老柯瑞確實展現出了一個理想父親應該有的態度，他適時放手，讓孩子自由發展，在孩子找到目標之後才全力支持。至於孩子是否能出類拔萃，就讓孩子們自己去努力了。

「靠爸」也許曾經是柯瑞難以避免的標籤，但單只靠爸爸的影響力，是絕對不可能站上聯盟的頂端。從柯瑞父子的例子來看，柯瑞所取得的成就已經是「青出於藍而勝於藍」，而今眾人提到柯瑞時，已不再只想到他是老柯瑞的兒子了。

柯瑞就是柯瑞，而他的爸爸曾經打過ＮＢＡ，如此而已。

7 意外的第7順位

二〇〇九年六月二十五日，柯瑞以首輪第七順位被金州勇士選中。那一天正好是他的爸爸戴爾．柯瑞的四十五歲生日，當時坐在同一桌的柯瑞一家都不知道，勇士的這個決定將改變柯瑞一生。這出乎意料的第七順位，其實是命運送給老柯瑞最好的生日禮物。

當兒子被叫到名字，上台與當時的NBA總裁史騰合照的同時，老柯瑞則是坐在場下接受ESPN記者麗莎．索特絲訪問，此時和兩父子坐在同一桌的媽媽桑雅．柯瑞就坐在老柯瑞身後，看著台上的兒子微笑著，想著自己的心事。

桑雅並沒有接受任何採訪，當時的她還沒有名氣，媒體也不太認識她。她只是看著兒子，心中想著接下來該如何鼓勵「只」拿到第七順位的柯瑞。

如果妳是媽媽，妳該知道如何鼓勵只拿到第七順位的柯瑞

乍聽之下，柯瑞被金州勇士選中，接下來就要鴻圖大展，一飛沖天了，做媽媽的有什麼好擔心的？其實是因為二〇〇九年這場選秀會的背後有著太多的故事和轉折，而桑雅知道柯瑞在選秀會上所期待的是什麼，所以當柯瑞意外地在第七順位被勇士選中時，也讓柯瑞原本的三個期待都落空了。

第一個落空，是柯瑞成了一再被球隊跳過的控球後衛。在選秀會開始之前，媒體上鋒頭最健的是奧克拉荷馬大學的二年級生葛里芬，他才剛橫掃全美七座最佳大學球員獎項，眾家媒體都篤定他必定是當年的狀元。雖然參加選秀之前，柯瑞才剛以場均二十八．六分拿下NCAA一級的得分王，更在該季對陣奧克拉荷馬大學的比賽中，以單場四十四分的表現強壓拿下二十五分的葛里芬，但柯瑞知道自己拿下第一順位的機會很小。他在意的是同屬控球後衛的同梯新秀之中，自己的評價在第幾位。他期待自己也許能夠排上前三名。

結果在選秀會上，首先選擇控球後衛的是擁有第四順位的國王，柯瑞被跳過了。接下來，同時擁有第五及第六順位籤的明尼蘇達灰狼居然也跳過了柯瑞，而且連選了兩名控球後衛。也就是說，柯瑞在當年的控球後衛中只算得上第四名。灰狼選的是比柯瑞年輕的西班牙神童盧比歐，和比柯瑞還矮一個頭的強尼．佛林。[1]

這算是對柯瑞的一種輕視和看扁。如果去看當時轉播單位在選秀會上所播放的介紹影片，可以發現球探的專家意見只肯定柯瑞是名驚人的射手，但卻不是個夠穩的控衛，失誤太多是他的隱憂。但從後見之明來看，盧比歐終究沒成大器，離開了灰狼，佛林更是打不到三年就退出ＮＢＡ。灰狼選了這兩人，卻不要柯瑞，確實讓他氣沮。

第二個落空的期待，則是無法前進大蘋果。在選秀會之前，擁有第八順位籤的紐約尼克被媒體盛傳鎖定柯瑞補強，許多尼克的死忠球迷也期待柯瑞的到來，拯救這支積弱不振的老牌強隊。這一點柯瑞也知道，而他也有期待去紐約的心情，希望能在全美第一大城的舞台上證明自己的實力。

眼見擁有兩個選秀權的灰狼挑走了兩名控球後衛，柯瑞對接下來第七順位的金州勇士其實並沒有太多期待。畢竟他在選秀前沒有參加勇士的測試會，而據說柯瑞當時的經紀人也事先運作，說服勇士選擇長人喬丹．希爾，讓柯瑞能進入尼克。結果柯瑞的名字被喊到的時候，現場尼克球迷一片噓聲，聲音大到連主播都嚇到了。

柯瑞最後一個落空的期待，則是無法進入一個由他主導的球隊。勇士當時已經有了當家的明星後衛艾利斯，身高同樣是一九一公分，以外線投射出名的得分後衛，而且勇士才在二〇〇八年和他簽下六年六千七百萬的長約，在艾利斯的光芒之下，菜鳥柯瑞能有多少發揮的空間？

在這些期待落空之後，桑雅知道，柯瑞的心並不好受，而他進入ＮＢＡ之後的路，並不好走。所以從選秀結果出來之後，她的心中就一直想著該如何幫助柯瑞。

柯瑞是不是媽寶？

根據柯瑞自己的說法，他是「媽寶（Mama's boy）」沒錯，而且他很樂於這麼說自己。[2]只要是柯瑞在主場出賽，都不難看到他的媽媽和其他家人站在場邊為兒子加油，而柯瑞也不只一次在公開受訪時談到媽媽桑雅給他的各種支持和鼓勵。

如果妳是一個母親，想要教養自己的孩子，或許柯瑞媽媽的方式可以給妳參考。做為一個母親，桑雅和大多數的媽媽一樣，對於自己的兒子充滿了信心，她知道柯瑞的實力，但也很明白外界的偏見和競爭的殘酷。從柯瑞在高中畢業前夕找不到任何一間頂尖籃球名門願意讓他入學時，媽媽的態度不是去指責別人沒眼光，而是積極為柯瑞做好更多準備。

當時桑雅的母校維吉尼亞理工大學雖然向柯瑞招手，但要求他第一年自費入學，從第二年才開始提供獎學金。[3]桑雅並沒有左右兒子的決定，要他把握機會去為自己和丈夫的母校打球，反而尊重柯瑞的感覺，讓他去選擇真正看重他、需要他的學校。

有自信，但不把別人的肯定當做理所當然。要謙虛，卻不會讓外界的否定控制自己的心。這是桑雅的哲學，也是她教給柯瑞的態度。

就是因為這樣的態度，柯瑞在歷經過大學球隊的入學挫折之後，反而對於NBA的選秀順位不再那麼患得患失。柯瑞知道自己需要的只是一個適合的入門磚，他的實力在進入聯盟之後自然有機會展現，他也能夠讓不看好他的人後悔。

要鼓勵只拿到第七順位的兒子面對三大落空的期待，桑雅的做法並不僅僅只是用一句話來支持他而已，而是在之後的生涯中，用不同的方式一路刺激他前進。

像是柯瑞進入勇士之後，在第一年意外地受到當時總教練尼爾森的重用，擔任球隊的主控。雖然他的外線火力依舊，但在防守強度更高的NBA，柯瑞發生失誤的機率也愈來愈高。到了第二年球隊換了總教練，拔掉了柯瑞的控球權，也讓他在場上打得更小心，反而更容易失誤。這時桑雅看不下去了，她的做法就是和兒子說以後每失誤一次，柯瑞就欠她一百美元。

當然一百美元只是小錢，但這個像打賭一樣的要求，卻成功激起了柯瑞的好勝心，真的讓他的失誤率開始降低。柯瑞後來也不只一次提到，自己會在比賽中進球之後望向觀眾席，和媽媽眼神交會，這是他從小就養成的習慣。桑雅也常會在比賽之後，以簡訊傳一段《聖經》的內容，或是幾句話告訴他自己的看法。這些支持在柯瑞職業生涯初期有著很大的幫助，而在他成名之後，柯瑞也不斷感謝媽媽一直以來的鼓勵。

其實不只柯瑞，許多ＮＢＡ的成名球星也經常在正式場合說出自己對媽媽的感謝。近年來最有名的例子，就是杜蘭特在雷霆時期拿下個人第一座ＭＶＰ獎項時，淚眼感謝媽媽汪達的動人演說，那時一句「媽媽，妳才是真正的ＭＶＰ。」感動了許多媽媽和球迷。而柯瑞的隊友最忙．格林雖然個性衝動，發言火爆，但他和媽媽瑪麗的關係也是一樣好得沒話說。

在美國社會裡有一種現象，非裔美國人球員經常靠著籃球成功翻轉自己的人生，也形成了社會貧富階級的上下流動，而他們之所以能夠甩開貧窮，很多時候都是因為他們母親的付出及管教。許多時候，父親的角色在他們的家庭裡都是缺席的，有時候是離婚出走，有時候是入獄服刑，更有時候是提早離世，像杜蘭特和格林都是由單親媽媽帶大的。雖然柯瑞的家庭幸福美滿，但在他小時候，卻有個常年不在家、隨隊四處比賽的ＮＢＡ老爸，柯瑞的教養及成長仍是媽媽桑雅一手包辦。若用負面的方式去說這些球員是媽寶，確實非常不公平，因為他們真的是靠著媽媽的管教而走上正途，在籃球上發光。

柯瑞確實是桑雅的寶貝兒子，他是媽寶沒錯，因為媽媽愛兒子本來就是天經地義的：無論別人把柯瑞放在第幾順位，孩子永遠是媽媽的第一順位。但對媽媽來說，真正的重點是讓孩子能因為愛而成長，為他們一路拉高人生的順位，卻不會因為溺愛而傲嬌。該如何讓孩子在同儕面前不會因為母親的愛而被取笑，反而是充滿了驕傲與感謝，這一點，就是各位媽媽要向桑雅學習的功課了。

8

8次大三元

柯瑞在NBA是出了名的好老公，他和太太艾莎之間的互動，也成為他在球場之外另一個為人關注的焦點。相較於其他NBA超級球星，柯瑞的「好老公」形象特別鮮明，而他也確實在這個角色上付出更多的用心和努力，並未因其球員的特殊身份而有所打折。

柯瑞從不傳緋聞，他和艾莎之間的種種不可思議的甜蜜及美好，反而更讓許多八卦媒體緊盯著他們不放，極力想要找出一點蛛絲馬跡來炒作。這樣的情況聽來似曾相識，就像柯瑞在場上一再證明自己之後，許多媒體更拚了命地想方設法要拆解「柯瑞神話」一樣。從柯瑞爆紅之來，他在場內外的表現可以說一直受到了全面的檢視。

在球場上檢視一名球員的表現是否足夠全面，常用的一項指標就是「大三元」：也就是單一球員在得分、籃板、助攻、抄截、封阻等五項個人攻守數據中，能在一場比賽之中有三項取得兩位數字以上的表現。令人意外的是，截至二〇一八年六月底，柯瑞生涯只拿下過八次大三元，這是否就代表柯瑞在場上的表現不夠全面？

而在婚姻生活中的柯瑞，他做為老公的表現是否也夠全面？

如果你是好老公，你該知道柯瑞拿下八次大三元的過程

相較於現役的頂尖球星，柯瑞在大三元數據上的表現可說是差人一大截，和勇士隊友格林相比也是瞠乎其後。格林在二〇一八年一月四日對火箭拿下個人生涯第二十一次大三元之後，正式超越勇士名人堂前鋒葛拉，成為隊史大三元紀錄的保持人。[1]

史上拿下過最多大三元的球星是「大O」羅柏森的一百八十一次，而現役最強的新一代大三元製造機則是雷霆的衛斯布魯克，打完二〇一七到一八球季之後，他以一百〇四次排在史上第四，很快就有機會超越退休不久的名控衛基德（一百〇七次），登上第三名的位置。同一時間，剛轉隊到湖人的詹姆斯以七十三次排第六，火箭的大鬍子哈登則以三十五次排第九。

二〇一八年球季開打之前，在這份史上大三元紀錄的TOP 10排行榜上，只有基德一人

從沒拿過例行賽MVP的頭銜，由此說來，擅長拿大三元紀錄的球員，很容易和最有價值球員畫上等號。

生涯只有八次大三元的柯瑞則是完全不在這份大三元競逐名單之內，但他早已經是兩屆MVP得主，這說明了大三元的次數對他來說不是重點，關鍵是柯瑞能以自己的風格領導球隊，讓他不只能與詹姆斯、哈登和衛斯布魯克等人並列為這個世代的聯盟旗手，也能和大三元高手的格林並肩打球，配合無間。

NBA的世界裡充滿了各種比較，其實在每一個人的現實生活中也是一樣。很多人都愛比較，也很容易被人拿來比較。做人老公的，常被老婆拿去和人家的老公比，從身高、長相到收入都可以比，比完了車子比房子，比完了薪水就比誰的老婆比較水，還可以比誰的老公比較愛自己。在怎麼比也比不完的情況之下，其實做老公的也可以像柯瑞一樣，走自己的路線就好，只要堅守自己的特別之處，大可以不管別人怎麼比，仍然是最有價值的男人。

次數不是重點，過程才是

該怎麼做好一個老公的角色？若是深入了解柯瑞如何拿下生涯這八次大三元的過程，也許就會發現不一樣的觀點。

柯瑞和艾莎兩人的交往過程很簡單，他們很早就認識，但到了二〇〇八年才開始約會，二〇〇九年柯瑞進入NBA之後過了兩年，兩人才決定在二〇一一年七月結婚。當時的柯瑞還不是什麼當紅炸子雞，媒體及球迷對於這對新婚夫妻也沒有太多關注。

柯瑞第一次拿下大三元紀錄是在二〇一〇年二月，那也是他剛進NBA的第一季，當時的他急於證明自己不只是一個第七順位的新秀控衛，所以他力求表現，把一切重任攬在身上，他也成為勇士隊史第一個在菜鳥球季就拿下大三元紀錄的新秀。這時的柯瑞，就像交往初期的男孩一樣，滿腔熱情卻不懂得控制自己。

而接下來超過三年的時間，柯瑞沒有再拿下任何一次大三元紀錄，主要原因就是他受傷了，反覆出現的腳踝傷勢讓他無法持續上場比賽，更別說要拿下什麼驚人的成績了。柯瑞也在這段期間和艾莎結婚，有了家庭的支持，柯瑞面對比賽和傷勢的心態更為成熟。新婚的柯瑞，花了很多時間復健和沉潛，就像在重新學習如何當一個球員一樣，他也在學習如何在妻子身邊做一個男人，摸索著接下來該走的路。

到了二〇一三到一四球季，則是柯瑞生涯的第一個高峰。他在深蹲之後起跳，單季就拿下四次大三元。柯瑞不只在場上找到了成功做自己的新方向，開始走紅之後，他也在場外找到了支持妻子的好方法。艾莎在YouTube上的個人頻道上有一段影片，是二〇一四年時她和柯瑞一起做菜的畫面，三年來有超過五百萬人次的點閱率，也是該頻道上目前最多人觀看的影片之一。[2]如果你覺得開頭的音樂很耳熟，那正是從柯瑞代言廣告的主題曲改編而來。[3]這時的柯瑞，已經懂得如何當一個適時支持太太、卻又不會搶走對方風采的老公，正如同他在場上的全能表現一樣，讓勇士的團隊及隊友因為他而能完美地運轉。

到了下一階段，柯瑞在二〇一五年十二月二十八日對上弟弟賽斯・柯瑞在陣的沙加緬度國王時，以二十三分、十四籃板及十助攻拿下個人生涯第六次大三元紀錄，賽後艾莎在推特上為老公慶祝，她用饒舌歌手冰塊酷巴一九九二年的單曲「真是美好的一天（It Was A Good Day）」中的一句歌詞「Messed around and got a triple double」，為柯瑞的表現寫下註腳。

只是沒想到柯瑞在那場比賽傷了腿，接下來的兩場比賽都無法出賽，但有了妻子的加油，不到一個月的時間，柯瑞更上一層樓，以三十九分、十籃板及十二助攻拿下該季第二次的大三元。柯瑞和艾莎之間互相打氣，為彼此加油的夥伴關係，已經成了他們生活的日常。

該季柯瑞只因傷缺陣三場比賽而已，但那也是勇士拿下單季七十三勝卻輸掉總冠軍的失望一季。那年柯瑞才剛以全票獲選MVP，就從天堂重重摔落地面，只好努力重新爬起來。這就好像每一個人的婚姻中都有低潮和難關，此時該如何相信自己和對方，幫助彼此走出低谷，才是婚姻關係真正能夠成熟的契機。

而柯瑞做到了，他在隔年克服心理和生理的雙重打擊，第三度帶隊打入總冠軍戰。而他第八次拿下大三元，就是在對上克里夫蘭騎士的第二戰，這也是他個人第一次在總冠軍戰創此紀錄。在跨過失望與低潮之後，柯瑞把個人及團隊的成就推上更高的層次。

而在奪回失去的冠軍之後，柯瑞和艾莎的慶祝方式是一起在身上留下刺青。[4]這一次不只他們夫婦倆，連柯瑞的爸爸和弟弟都加入，兩人的結合帶來了兩個家庭的融合，這也是許多夫妻努力追求的美滿境界。

回想當柯瑞拿下第六度大三元時，艾莎用歌詞「真是美好的一天」祝賀老公的成就，其實，那只是他們做為夫妻的一天而已，而該怎麼繼續維持每一天的美好，才是重點。

雖然柯瑞在球場上僅僅八度拿下大三元，但這是一個隨時都會改變的數字。不變的道理是，做為老公的柯瑞必須和妻子艾莎一起，在場外朝著更好的方向去改變，這才是他最全面的表現。

9
孤獨9敗

柯瑞在二〇一六年的七十三勝球季，例行賽只吞下九敗，寫下歷史紀錄。但勇士光是在那一年的季後賽就吞下九敗。

好的開始，是成功的一半，但沒想到最後勇士真的就只拿下了一半的成功：破了紀錄，卻沒拿到總冠軍。

在短短的幾個星期之內，原本保持整季的紀錄一一破功。從沒連敗，敗了。從沒輸給同一個對手兩次，輸了。從沒打到第七戰，打了。從沒丟掉任何一個對戰組合的勝利，丟掉了。不只賠上了總冠軍，還成了史上第一支丟掉三比一領先優勢的球隊。

這些紀錄，累積成了季後賽九場的敗績。每一敗，都在柯瑞心上刻下沉痛的痕跡。

做為太太，艾莎．柯瑞是如何理解這一切的過程？

如果妳是好老婆，妳該知道怎麼解讀柯瑞單季九敗的孤獨

時間拉回到二〇一六年總冠軍戰第六戰，那一場比賽，柯瑞在一連串明顯不利的哨音之下，在客場吞下六犯。柯瑞從二〇一三年底就不曾六犯畢業，[1] 吹判當下，他憤而拿起牙套，往場外一丟。球員在場上有情緒反應並不稀奇，但此舉等同向裁判示威，所以柯瑞馬上領到技術犯規，被驅逐出場。

這還是柯瑞職業生涯第一次被驅逐出場。

更大條的新聞還在後面，柯瑞丟出去的牙套居然不偏不倚直接打在場邊球迷的臉上，而這球迷還不是別人，正是騎士老闆之一奈特．富比士的大兒子安德魯。[2] 球員若是對球迷做出任何侵害的舉動，在任何職業聯盟都是大忌，更何況是在舉世矚目的總冠軍賽場上，而且還是對手老闆的家屬。

柯瑞在被帶離球場時還不知道安德魯的身份，但他在離場之前先向安德魯致歉，並和他握手致意。在賽後記者會上，柯瑞也說明當時的情況，自己以前也曾丟過牙套，但出手的時候通常都是朝著場邊記錄台的桌子丟去，並非對準任何球迷或是場邊的工作人員，只是沒想到丟歪了，才造成這麼大的風波。

面對這樣的情況，艾莎怎麼做呢？

艾莎一開始的反應也很激烈，她在第一時間立刻在推特上反擊，認為這場比賽「絕對是被做掉了」（rigged），不知道是為了錢還是收視率，但她「不會保持沉默的」。雖然她立刻刪文，但已經被擷圖及大幅報導。

艾莎之所以刪文，是擔心她說的話將會嚴重地影響到柯瑞和接下來的關鍵第七戰，雖然她說的話真情流露，強烈地為老公抱屈，但畢竟是指著聯盟和裁判的鼻子罵。而且說他們是為了收視率及收入讓總冠軍賽的戰線延長，這樣的陰謀論在沒有其他更多證據的情況下等於是空穴來風，更是讓其他一直持陰謀論觀點的媒體有機可趁，引用她說的話來做文章。一旦風波進一步擴大，柯瑞必定會成為眾矢之的，對他造成更嚴重的形象傷害。

這一晚對柯瑞夫婦來說都很難熬。柯瑞整場比賽都受制於哨音和傷勢，一直打不出自己的節奏，最終情緒失控也讓他十分懊惱，接下來除了罰款和可能的禁賽處份，因傷所困的他該如何打贏主場的最終戰，才能阻止騎士逆轉封王，更是讓他心焦不已；而艾莎不只在現場目睹這一切的過程，那一晚她和她的家人也飽受莫名其妙的不公平對待。

原來，當晚艾莎的父親在準備入場時被阻攔，所持的入場證也被安檢人員沒收，無法進場，這讓艾莎完全不能理解究竟是發生什麼事。直到後來媒體才查明白，騎士速貸球場的安檢人員誤將艾莎的父親與一名逃票慣犯的照片給搞混了，所以才禁止艾莎的父親持證入場。[3]這名逃票慣犯前科累累，過去經常持用偽造的工作證及入場證進入NBA球場和其他職業賽事，早已被通令加強查緝。

兩人的照片究竟像不像，確實見仁見智，也不能全怪安檢人員誤認，但這樣的插曲已經讓艾莎覺得氣沮，沒想到後續還有其他插曲。在比賽開打前十分鐘，艾莎和柯瑞一家人還坐在大巴士上無法下車進場，原因疑似是要讓到場看球的碧昂絲和Jay Z夫婦先行入座。這一連串的巧合和遭遇，再加上後來柯瑞在場上受到的待遇，都讓艾莎覺得自己的老公和家人都被欺負了，所以她才會失控地在賽後寫下那樣的推特。

艾莎對老公和家人總是全力支持，有狀況就大力反擊。這一點，她從來沒有改變。像是二〇一七年，有人指責柯瑞不幫一名小球迷簽名的貼文，艾莎就挺身為老公辯護。雖然她知道，無論怎麼說怎麼做，媒體都有意見，不可能周到圓滿，但她希望讓柯瑞知道，他並不孤單，有人會站在他這一邊。

第六戰結束的三天之後，柯瑞沒能在自家主場擋住騎士，難堪地吞下該季季後賽的第九敗，也是破紀錄的歷史性一敗。艾莎沒再說話，而是選擇陪伴。在大勢底定之後，在公開場合說什麼話都是不必要的了。艾莎知道這一點，孤獨是落敗一方應有的態度，除了恭喜對手之外，沉默是最好的自處。

她陪著柯瑞度過失敗的孤獨。

10

10次轉隊的弟弟

如果你細看柯瑞和他弟弟賽斯．柯瑞的照片，你很容易就會發現，其實賽斯長得更像爸爸戴爾．柯瑞，但賽斯走的籃球路卻和爸爸完全不一樣，命運和哥哥更是不同。

賽斯同樣繼承老柯瑞的籃球基因，也和哥哥一樣對籃球充滿熱情。他從小就和哥哥在自家後院鬥牛，學生時代打的是同一支高中校隊，剛踏入職業時也曾待在同一支球隊，兩人的出發點雖然都一樣，但後來的發展卻是天差地別。

兄弟倆只差兩歲，但賽斯的生涯成就和哥哥相比卻差了兩倍還不止。到二〇一八年六月底為止，賽斯已經換過七支不同的NBA球隊體系，從高中生涯起算，更已經待過十支不同的球隊。

世上很難有十全十美的事。在NBA，柯瑞一家已經被稱之為籃球第一家庭，在聯盟中找不到其他球員的家庭能像柯瑞家一樣，每一個成員都具有如此高的知名度及個人事業。生在這樣的第一家庭，賽斯有個ＮＢＡ老爸，又有個超級巨星老哥，卻讓他變成最辛苦的那一個。

如果你是好哥哥，你該知道柯瑞弟弟打過十支球隊的軌跡

細數賽斯籃球生涯的這十支球隊，實在是「十」分不順，每一次他都是在努力爬上每一階段的頂峰不久，就被無情地給打了下來。而這每一次打擊，做為哥哥的柯瑞都看在眼裡。

在學生球員階段，高中時期的賽斯創下校史最高的單季得分紀錄，超越哥哥柯瑞，但畢業前卻因為受傷而錯失眾多名校的獎學金，只能先進入自由大學就讀。而那一年，賽斯就打破了該校所屬聯盟的新人得分紀錄。

轉入傳統強權杜克大學之後，卻因為ＮＣＡＡ轉學球員首年強制停賽（redshirt）的規定，讓他停了一年才能出賽。但他把握機會，第一年上場就取代受傷的超級大一新生厄文打先發。在接下來的三年中，他的得分能力也一路成長，大四時更獲選該校所屬聯盟的明星第一隊，結果卻和高中時一樣，他畢業那年右腳脛骨的傷勢，間接導致賽斯在二〇一三年的Ｎ

ＢＡ選秀會落選。

在成為職業球員之後，賽斯的發展軌跡並沒有改變：他總是努力掙到了機會，但才看到曙光，就被當頭一棒打落深淵。第一年他在勇士被當成行銷噱頭簽下來，雖然在其發展聯盟球隊裡打出宰制性的表現，終究無法在聯盟正式出賽。灰熊給了賽斯機會，但這機會只有短短的四分鐘，他在ＮＢＡ處女秀之後一個小時就在球隊巴士上被釋出。在騎士也是一樣，簽了十天短約的賽斯只有九分鐘證明自己，他以唯一一記三分為自己的得分紀錄開張之後，同樣也沒等到第二張合約。

賽斯在二〇一四年轉往魔術的發展聯盟球隊，雖然表現更加出色，又再度獲選為該聯盟的未來明星隊成員，但整季都等不到魔術高層的青睞。期間太陽也給了賽斯一紙十天的短約試刀，最終也只出賽了四分鐘就沒了下文。

好不容易，賽斯在二〇一五年靠著在夏季聯盟的超猛表現，不只拿下夏季聯盟全明星第一隊的肯定，也讓他和國王簽下生涯第一紙保障年約。他在沙加緬度首度打入先發陣容，也在明星控衛朗多受傷時打出精采表現，不過在第一年球季結束時，賽斯選擇不執行第二年的球員選項，而球隊後來也撤回了合格報價，讓他成為不受限的自由球員。

此時的賽斯已經有了實績背書，讓他得以和獨行俠（原中譯名為小牛）簽下兩年合約。這是他高中以來的第十支球隊，也是象徵他破繭而出的第一隊。他在達拉斯的第一年就出賽七十場，有四十二場先發，場均有十二・八分，總算在聯盟正式綻放光芒，球隊也將賽斯視為重建戰力的重要支柱。但誰也沒料到，當賽斯正要起飛之際，同樣的脛骨傷勢又找上他，這次換成了他的左腳出問題，第二季才開打就整季報銷。[1]

二〇一八年夏天，賽斯和波特蘭拓荒者簽下了兩年合約，他將在這第十次轉隊之後，在第十一支球隊裡繼續證明自己的實力，而這一路以來，他要克服的高牆不只傷痛和霉運而已，還有如影所形，揮之不去的偏見。

而這偏見，竟是最照顧他的哥哥柯瑞造成的。

不可承受之輕

賽斯籃球生命中要面對的三個不可承受之輕，是輕視，是輕慢，和輕忽。

輕視，是因為賽斯的體型。只有一百八十八公分的賽斯，比哥哥還矮三公分，曾被人形容為「在他控球後衛的身材裡，困著一個得分後衛的靈魂」。[2]體型上的先天劣勢，讓他很容易被對手輕視。

輕慢，是由於賽斯的身份。來自籃球第一家庭的賽斯，每當有球隊和他簽約，眼紅的人就會說那是因為你哥是柯瑞，就像二〇一三年勇士第一次簽下賽斯的時候，確實就有很大的行銷和市場考量。[3]賽斯的出身，總是讓不熟悉他的人對他的成就抱持著輕慢的態度，這也讓賽斯更想證明自己，所以他在二〇一五年拒絕加入勇士和哥哥重組搭檔，他說：「我想要走自己的路。」

輕忽，則是因為賽斯的球風和打法。賽斯因為是柯瑞的弟弟，所以許多教練看著他的時候，都不由自主地覺得他應該打得和柯瑞一樣。他們並沒有意識到自己使用的比較級是聯盟的巨星MVP，這對任何剛起步的新秀都是不公平的。就連柯瑞自己當年恐怕也沒有受到這樣的待遇：柯瑞只要證明別人看走了眼，賽斯卻被要求得比他哥更強。各隊的教練和總管都輕忽了一個事實：這世上找不到第二個能夠像柯瑞那樣打球的人。

這三個不可承受之輕，都和哥哥柯瑞脫不了干係。長期籠罩在哥哥的光環之下，就算對賽斯有點優勢和好處，但負面影響其實遠大過於此。

個子不夠高、體格不夠壯、切入不夠猛、防守不夠狠、經驗不夠老、對抗性不夠強、進攻手段不夠多……這林林總總的挑剔，讓賽斯之前待過的每一支NBA球隊對他都有話說，怎麼樣都有毛病可以挑，總有釋出他的理由。平心而論，聯盟中能夠五門齊的全能球員有多少？賽斯之所以會被釋出，是因為球隊都在找尋第二個柯瑞。

但這世上哪來的第二個柯瑞？

和無數挑戰NBA夢的球員一樣，像賽斯這樣的籃球浪人實在太多了，有人會覺得，若他不是柯瑞的弟弟，賽斯的故事哪有什麼稀奇，大家不都是這樣嗎？苦鬥著、掙扎著要擠進十五人名單的窄門。只是在賽斯努力爬上金字塔頂端的過程中，有太多人在看著他，無形之中，他在聯盟打球的壓力也比一般沒沒無名的年輕球員來得大。

賽斯沒辦法像其他人一樣，可以在場上隱形，他不只有明星老爸，還有巨星老哥，這讓他的處境更尷尬。當柯瑞不再只是老柯瑞的兒子之後，賽斯還得繼續被人稱作是柯瑞的弟弟，而和柯瑞相比，賽斯要超越的不只是老爸，還有哥哥這個全球知名的籃球偶像。

看到這裡，你還能說賽斯和其他挑戰NBA的球員一樣嗎？賽斯確實有更好的養成環境和基因，也有更好的刺激和動力，但是他背負的期待、承受的輕慢，和受傷的時機，都讓這名身材矮小的雙能衛得要克服更多困難。

在轉隊十次之後，讓賽斯有了自己與眾不同的故事：賽斯是柯瑞的弟弟沒錯，但他要做的不是第二個柯瑞，而是另一個柯瑞。

2018-19年球季卡珍斯加入勇士四星之後，組成了堪稱當代最懾人的全明星陣容。回顧繁星璀璨的勇士隊史，哪五人又是無與倫比的總冠軍戰先發組合？詳見第5章。
（©Ezra Shaw/Getty Images North America）

號稱當今籃球第一家庭的三大女主角：（左起）柯瑞的太太、妹妹和媽媽。媽媽桑雅如何在場內外激勵柯瑞更上層樓？又如何讓柯瑞開心地自稱「媽寶」？詳見第7章。（©Cassy Athena/Getty Images North America）

GOLDEN STATE
30
WARRIORS
CHARLOTTE
30

勇士在2018年以直落四擊敗騎士拿下隊史首度二連霸，本該在兩年前七十三勝球季就該完成的紀錄，卻毀在意外的第九敗，這樣的打擊如何為柯瑞帶來更重要的成長？詳見第9章。（©Justin K. Aller/Getty Images North America）

柯瑞與爸爸一同穿上30號球衣，參加2015年NBA全明星周的投籃比賽。從小看爸爸打球長大的柯瑞，究竟是否真的得要「靠爸」才能在NBA出頭？詳見第6章。（©Jesse D. Garrabrant/NBAE）

賽斯因為是柯瑞的弟弟，所以教練都期望他能打得像柯瑞一樣好，但世上又有多少人能像柯瑞那樣打球呢？賽斯從高中起算的十次轉隊史，在第10章呈現出不一樣的籃球人生。（©Ezra Shaw/Getty Images North America）

柯瑞和湯普森這兩名當世第一射手如何能在場上並存與合作？由一個奶爸加一個玩咖組成的浪花兄弟，又是如何跨越彼此差異，聯手掀起當代三分球浪潮？詳見第11章。
（©Ezra Shaw/Getty Images North America）

GOLDEN STATE
30
WARRIORS
SPALDING

柯瑞一家五口參加2018年封王遊行，此時妻子艾莎還懷著長子，不到一個月之後就會出生。柯瑞十五歲就遇見真愛，但她卻說自己不要嫁給運動員，曲折的發展詳見第15章。（©Noah Graham/NBAE）

當今最強的二十三號詹姆斯曾和柯瑞在NBA總冠軍戰連四年交手，寫下了空前紀錄，而這兩個出生在同一個城市的兩代MVP之間衝撞出了多少驚奇及傳奇，詳見第23章。（©Gregory Shamus/Getty Images North America）

熱愛高球的柯瑞總能在煩心上打出十八個洞當出口，這張開球照中可以清楚看到柯瑞左手上和妻子共有的「><」和代表其個人價值的「TCC·30·」刺青，解碼詳見第18及30章。（©Ezra Shaw/Getty Images North America）

人生在暫停的時候該如何為職場上的下一步做決定？勇士總經理邁爾斯（左）和總教練柯爾做了最聰明的示範和最需要的準備。兩人的故事詳見第24及25章。
（©Justin Sullivan/Getty Images Sport Classic）

Halftime Report

中場報導

勇士的比賽，上半場也許就在柯瑞一個超遠距離的Logo shot之中結束。球也許碰框不進，但全場必定是一陣驚呼。無論上半場的比賽是否已經被勇士帶走，或是仍呈現膠著，接下來的十五分鐘中場休息，都是雙方整軍再戰的時刻。此時，在球場上有表演，以及各種和球迷互動的活動，在媒體上則是廣告和中場報導。這時你會看到許多柯瑞代言的商品廣告，從球鞋、車子、飲料、保險都有，在上半場戰況的數據分析之外，也有場外花絮報導著不同的專題，從隊友們之間的相處趣事、柯瑞的身上的刺青和招牌手勢、甚至到柯瑞的生日蛋糕造型，不一而足。時間雖短，卻能讓人一窺柯瑞在場內外更豐富多樣的生活。

11

兩個第1名的合作

11，是「浪花兄弟」之一克雷·湯普森的背號。他是柯瑞生涯起飛的重要夥伴，也是勇士得以奪冠的核心力量。11，也象徵著柯瑞和湯普森這兩個場上的第一主角能夠和諧共處、完美合作。兩人曾先後拿下三分球大賽冠軍，也創下聯盟及隊史的三分球紀錄，柯瑞和湯普森雖然有許多相似的地方，但他們倆其實有著完全不同的個性和興趣，愛家的柯瑞該怎麼和愛玩的湯普森共處呢？

如果你喜歡交朋友，你該知道柯瑞怎麼和11號隊友相處

湯普森是在二〇一一年時以第十一順位選入勇士，也讓大學時穿1號球衣的他改穿十一號。原本他在選秀會後決定穿上二十一號，但後來改變心意，這一改，也讓勇士11號成了這個世代另一個三分射手的象徵。

有意思的是，當時勇士的1號是小前鋒德洛．萊特，萊特上一季才剛以單場九顆及單季一百八十三顆刷新了勇士隊史的三分球命中紀錄，湯普森當然沒辦法和這位球隊的當紅炸子雞搶這個號碼。不過後來萊特的紀錄全數被湯普森改寫，湯普森不只曾在季後賽單場投進十顆三分球，個人從第二季開始，單季三分球命中數就不曾低於兩百顆。

說到三分球，湯普森的紀錄雖然比不上他的隊友柯瑞（單場十三顆，單季四〇二顆），但兩人的背景實在非常相像。兩人都有個打過NBA的出名老爸，媽媽也都是運動員，而且都是打排球出身的。兩人的兄弟也都打籃球，湯普森的哥哥和柯瑞的弟弟居然還曾經同在勇士的發展聯盟球隊山塔克魯斯勇士打球，這兩人一度也被球迷暱稱為「浪花兄弟」。活在親生兄弟的盛名光環之下，也讓柯瑞的弟弟賽斯感歎地說：「我們居然連自己專屬的綽號都沒有。」

柯瑞和湯普森也都和他們後來一起爭冠的對手騎士有著幼時的淵源：柯瑞和騎士的詹姆斯出生在同一個城市，當時老柯瑞正在為騎士打球，而湯普森和騎士三巨頭之一的勒夫從小就是打少棒的隊友，不只如此，兩人的兄弟也都曾先後為騎士短暫出賽。這許多的緣份巧合，讓柯瑞和湯普森這對球場上的兄弟緊密地結合在一起，但他們之間仍有很多有趣的不同。

就拿兩人的父親來說，柯瑞的爸爸當年是第十五順位進入ＮＢＡ，比兒子的第七順位還低，雖然從未拿下總冠軍或入選全明星賽，但老柯瑞在夏洛特黃蜂以三分射手打出名號，柯瑞後來的發展算是爸爸的升級版。

而湯普森的爸爸則是一九七八年的選秀狀元，更在一九八七及八八年連續兩年跟著魔術強森等湖人名將拿下總冠軍。身高二〇八公分的老湯普森打的是大前鋒的位置，比柯瑞高出十公分的湯普森雖然遺傳了老爸的高大身材，父子倆走的卻是完全不同的球風，因為老湯普森生涯只投進過一記三分球。

是的，只有一記。

除此之外，老柯瑞是土生土長的美國人，但老湯普森卻是來自巴哈馬的外國人，十七歲的時候才被邁阿密的一間高中校隊總教練帶來美國打籃球。當時沒有人想到，遠在奈及利亞的歐拉朱旺和中國的姚明之前，在這個邁阿密東方的加勒比海島國上，會出現ＮＢＡ史上第一位外國出生的選秀狀元；也很少人知道，那個改變老湯普森命運的總教練其實是找錯了地址，他本來屬意的對象是另一個也叫湯普森的少年。

比起柯瑞，湯普森的成長環境和歷史更有著移民第二代的美國夢色彩。而在湯普森奪下冠軍之後，湯普森父子也成為史上第四對冠軍父子檔，這一點，也是柯瑞父子檔比不上的。

巧的是，這四對冠軍父子檔都和勇士有關，貝瑞父子檔有勇士七〇年代球星瑞克・貝瑞，華頓父子檔則有前勇士助理教練路克・華頓，而最年長的父子檔則是勇士在費城時期拿下NBA史上第一座冠軍的成員麥特・古奧卡斯。

柯瑞和湯普森兩人雖然都是娃娃臉，但比起乖乖牌柯瑞，湯普森在場外的花邊新聞可就精采萬分。除了大學時代曾因為吸大麻而惹出禁賽風波，湯普森進入聯盟之後，仍是酷愛參加派對和上夜店，還曾被前女友抓包劈腿而公開被甩。種種場外風波讓湯普森給人一種愛玩的印象，與愛家的柯瑞完全不同，但這兩人卻能成為這個世代最強的後場組合，究竟祕訣何在？

要做球給隊友，也不能只求隊友

首先是湯普森的能力。擅長三分的湯普森在後場位置上擁有體型優勢，這一點讓他的防守能力（Defense）更為出色，也讓湯普森成為少見的「3D」功能型球員（3-and-D player）。在攻擊時，湯普森具有空手走位，接球投射的能力，不需大量持球單打也能大量取分；[1]在防守端，湯普森也能一對一地壓迫對方主力球員，即使對位的是小前鋒他也能勝任自如。

再來則是湯普森的態度。很難想像在他打出勇士二當家的地位之後，依舊能夠接受球隊指派的各種戰術任務及角色。先發的湯普森在比賽中經常會視戰況機動上場，與不同的隊友搭配。有時他是主角，負責追分，改變節奏，甚至是訓練隊上的菜鳥新人；有時他卻是配菜，負責苦工防守，甚至是欺敵誘餌。這麼多的戰術要求，湯普森卻能毫無怨言地一肩扛下，他的態度讓他能夠配合隊友，完美融入場上的多種隊型組合，在攻防兩端為球隊做出貢獻。

最後則是柯瑞的領導力。柯瑞在場上能夠做球給隊友，在場下也是一樣，許多媒體記者就曾注意到柯瑞總是儘量讓隊友有機會受訪，在媒體上有更多曝光。而柯瑞不會只求隊友配合他，反而努力嘗試去配合隊友，這一點也是在NBA各隊領袖球星中少見的特質。據說不去夜店的柯瑞還為了湯普森破例，而做為球隊第一人，柯瑞的領導方式確實讓湯普森願意在他身邊打球。

柯瑞和湯普森並不是一開始合作就有如此大的威力，這中間需要時間相互了解及磨合。柯瑞之所以能和湯普森合作無間，兩個人之間的相似之處固然重要，但如何面對彼此的不同之處，才是關鍵。

如果你喜歡交朋友，就要記得每一個人即使再相似，也總有大相逕庭的地方，需要你去欣賞及了解，不能只求別人來配合你。換個角度想也是一樣，若是你在工作上遇到的夥伴與你的個性完全不同，但他的能力和態度真的不行，就放掉吧！

畢竟柯瑞再怎麼謙虛待人，要是湯普森沒有相對應的能力和態度，一切還是不成的。

12

略知12

二〇一二年，勇士一口氣在選秀會上選進了三名冠軍隊主力，一舉改善了勇士的體質，也讓柯瑞的統治力得以進一步提升。若是沒有這一年選秀會的豐收，以柯瑞為首的勇士可能還打不出招牌球風的威力，想要拿下總冠軍可能還得再等等。除了選秀之外，二〇一二年的勇士還做了許多重要的決定，若能略知一二，就能了解勇士從那一年開始的轉變和佈局的策略。

如果你喜歡冷知識，你該知道一二年選秀會為柯瑞帶來什麼改變

如果以選秀的順位來說，當年勇士是先以第七順位搶下北卡大出身的小前鋒哈里森・巴恩斯，接下來在第一輪的最後一個順位選中奈及利亞出生的中鋒厄希利，然後在第二輪第三十五順位挑中畢業於密西根州大的全能大前鋒最忙・格林。

這三人的加入，為柯瑞帶來的第一個改變，是強化了他身邊隊友的防守能量，從而分擔他的防守壓力。根據當時勇士的總教練馬克・傑克森的說法，身高和臂展都超過兩公尺的巴恩斯擁有出色的身體素質和彈性，讓他能防守場上任何一個位置的對手。這一點他沒說錯，巴恩斯後來在二〇一五年季後賽對上曼菲斯灰熊時，就一肩扛起對手雙塔之一的大噸位長人「Z寶」蘭道夫，讓主戰中鋒柏加特能空出手來協防包夾，也成了那次系列賽勇士逆轉一勝二敗劣勢的關鍵之一。

格林更是成長為勇士的防守司令，雖然身高並不驚人，但他擁有極佳的防守本能及判斷力，不只能從上方封阻蓋鍋，還能從下方偷桃抄球，而且他打死不退的性格，加上他惹毛對手的本事，有效擾亂敵方的平常心和專注度，讓他的防守效率極高，也讓格林榮膺年度最佳防守球員。有了巴恩斯和格林，再加上厄希利專注的防守態度和高度，勇士可以說無論是在打小球陣容或是錯位防守的情況下，每一個點上的防守球員依然能夠有效地壓制對手。

第二個改變，則是讓柯瑞身邊的替補陣容實力更為增強。有了厄希利做為替補中鋒之後，他能拉籃板也有防守，直接深化了勇士的內線，讓替補的長人陣不再那麼容易吃虧。而打上先發位置的巴恩斯和格林，對於增強勇士的板凳實力也有間接的貢獻。

以巴恩斯來說，他第一年就打先發，出賽八十一場，幾乎打滿全季，不料第二年勇士找來了全明星小前鋒伊古達拉，巴恩斯該季先發場數登時腰斬，但從板凳出發的他，全季的平均得分並未因此下滑，反而微幅上揚。等到新主帥史提夫·柯爾決定把伊古達拉放到第六人的位置，將巴恩斯重新定位為先發小前鋒，他也打出更好的得分效率。從之後的發展來看，如果沒有巴恩斯在陣，伊古達拉也就無法在第六人的位置為勇士改變戰局。

至於格林則是攻守活棋，除了和先發球員配合之外，他也能以控球大前鋒之姿，上場帶領勇士不同的板凳組合追分或是守成，達成教練團交付的戰術任務，同時也能讓柯瑞有更多時間休息，得以在球隊最需要他的時候上場全力發揮，就這一點來說，格林的威力更勝巴恩斯。

選才不設限，才能成就無限

二〇一二年的選秀結果，改變了勇士和柯瑞的發展，當時剛上任的總經理鮑伯·邁爾斯毫不設限的選才眼光一直為人稱道，格林更被視為是從沙礫中淘出的黃金。

很難想像，像格林這樣的全能球員會被留到第二輪時依舊乏人問津，由此說來，格林進入ＮＢＡ之前被球評低估的程度還比當年的柯瑞嚴重。格林會被眾人看衰的原因，不只是他身高不夠還去打大前鋒，而是他大學時代實在太忙了。他能得分，有內線也有三分，他能防守，有抄截也有火鍋，他還能持球推進，傳球助攻，控球作戰。乍看之下是多才多藝的全方位人才，但卻教球探不禁懷疑格林是貪多嚼不爛，在大學還吃得開，到職業賽場上就會被一一拆穿。

然而，勇士的總經理邁爾斯卻說他看到了格林的拚勁，認為他是一個想贏球的球員，決定將他納入陣中。格林在密西根州大打滿四年，從角色球員一路成長為能主宰全局的核心人物，他在勇士的發展過程也是一樣。同校畢業的大學長魔術強森，以二〇六公分的身高打控球，而二〇一公分的格林就像是學長的二．〇復刻版，前鋒的身材裡有藏不住的控球魂，但格林又比魔術更忙，他還擁有絕佳的籃板基因和防守天份，所以他在場上大包大攬，後來也在勇士屢屢創造大三元紀錄。

至於第三十順位選進的中鋒厄希利，也是邁爾斯一個不設限的嘗試。來自奈及利亞的厄希利十四歲才被送到美國念書，父母本來打算讓他成為一名醫生。那時的厄希利從來沒打過籃球，上場比賽還鬧出笑話，把球投進對手的籃框。沒想到他愈長愈高，愈打愈出色，許多大學都對這個謎一般的高中生感到興趣，就連哈佛也向厄希利招手。[1]

看到哈佛的招牌，厄希利父母的眼睛登時亮了，但當時的厄希利還不知道自己有沒有能力打職業籃球，所以他費了九牛二虎之力說服父母讓他去念有「南方哈佛」之稱的范德堡大學，該校在學術和運動兩方面都算得上頂尖，這個選擇也讓厄希利後來有機會進入ＮＢＡ。

厄希利在大學球場上逐漸打出名聲，但他在大四球季時受到膝傷困擾，造成各項數據下滑，總經理邁爾斯仍然認為他充滿無限的潛力，值得冒險投資，讓厄希利搭著首輪選秀的末班車進入勇士。

當年的邁爾斯並沒有自我設限，也沒被其他人的看法給框住，大膽選擇自己認定的球員，也才能為球隊開創新局，成就未來的無限可能。

萬事無絕對，只能做好準備

但很多人不知道的是，那一年勇士其實一共選進了四個人，這四個人最後雖然都拿下了冠軍戒指，但這第四個人如今卻已不在聯盟，生涯在ＮＢＡ出賽也僅僅一百六十四分鐘而已。

這消失的第四人是誰？他是身高二百一十四公分，來自塞爾維亞的年輕中鋒庫茲米奇。

充滿天份的庫茲米奇很早就在歐洲打職業聯賽，勇士看好這名長人的表現，認為他有機會在ＮＢＡ成功，但最終庫茲米奇卻因為腳踝的傷勢而黯然退出。

在職業運動競技裡，運氣的影響力常常被人忽略。一記三分能不能進框，除了努力練習之外，運氣也很重要。即使籃框的直徑比籃球大出許多，但能不能投進可能就差一點運氣。毫釐之差，結果也差之千里。選秀也是一樣，勇士選進了一個身高超過兩百一十公分的大中鋒，不幸的傷病毀了他的前景。同年選了一個身高勉強超過兩百的大前鋒，結果他成了變種的全能控球，不只改變了一個球隊的歷史，還改變了世人對籃球打法的既有框架。

絕對不要因為總經理看走了眼就嘲笑他們有眼無珠，也不要因為一次成功的選秀就給出慧眼伯樂的盛讚。決策必須基於數據，過程都有爭論，但這中間，總帶有運氣的宿命。

就拿巴恩斯來說吧！他在高中時曾率隊拿下跨季五十三連勝，以全勝之姿連莊愛荷華州冠軍，那時的巴恩斯可說是全美最強高中生，進入大學之前的新秀排名還在同期的厄文之上，而早一年投入選秀的厄文可是二〇一一年的ＮＢＡ狀元。如果不是因為巴恩斯在北卡大的表現不如各界預期，二〇一二年排第七順位的勇士還不一定能選得到他。

而厄希利在勇士前兩季都在傷勢中度過，雖然後來打出表現，成為球隊奪冠不可或缺的替補要角，還因此和拓荒者簽下三年的大合約，但誰也沒想到轉隊之後的厄希利傷勢復發，一場比賽也沒打就被球隊釋出，勇士能擁有他至今表現最好的三季確實非常幸運。

二〇一二年的勇士真的很幸運，除了選進三名未來的主力之外，也把背號十二號的中鋒柏加特從公鹿交易過來，這名來自澳洲的二〇〇五年選秀狀元，多年來一直受困於各種傷勢而沒能打出應有的身價。不料勇士又賭對了一把，柏加特除了第一年受傷只打了不到一半的比賽之外，接下來的三年他都能健康先發六十五場以上。而有了柏加特出色的策應和得分能力，勇士的先發隊型瞬間完整，他在禁區及高位的牽制力和傳導，更讓柯瑞和湯普森兩人有更多在外線出手的空間，而兩人也是同時從二〇一二年球季開始首度單季投進超過二百記三分球。

更幸運的是，二〇一二年的勇士決定開給柯瑞四年延長合約，當時已經因為腳傷而兩度開刀的柯瑞，看起來就像是個不定時炸彈，這四千四百萬的金額很有可能是無法回收的爛帳，結果勇士中了大樂透，這筆合約竟是勇士隊史上最划算的一次投資。

運動的不確定性，本身就是其迷人之處，你說它像星象一般神祕，你說它像天氣一樣無常，你說它像翻牌一樣無奈，都是因為你沒有把握事情會照著計畫走，一切無絕對。

你只能做好準備。

13

13記三分球的信仰和迷信

「十三」這個數字在美國文化中總帶著一點禁忌的色彩，就像「四」因為讀音，在台灣人聽來總是有些聯想一樣。這樣的懼怕，來自於文化底層代代傳遞下來的累積。說是迷信，但也有很多人不得不信。

而這個數字對柯瑞來說，卻有另一層意義。

如果你喜歡信仰，你該知道柯瑞單場十三記三分球的意義

二〇一六年十一月七日，勇士在主場對上鵜鶘，面對亟欲開胡的對手，勇士以一一六比一〇六送給鵜鶘開季七連敗，其中的四十六分都是由柯瑞貢獻，而他光靠三分球就拿下了三十九分。

前一季柯瑞共有十三次單場得分達到四十分以上，領先全聯盟。而單場十三記三分球，則是他生涯第七次有單場投進十記以上三分球的表現，同時也超越了他自己和湖人柯比等人所保持的單場十二顆三分球紀錄。十三年前，柯比首創此一紀錄，兩年後被暴龍前鋒馬歇爾追平，而柯瑞則是在二〇一六年二月追上前輩的腳步，並在同年以十三顆超車，獨居史上第一。

關於十三的巧合不只如此。締造紀錄之前的一場比賽，柯瑞才剛創下了一個難堪的紀錄，他全場三分出手十次全數落空，單場就只拿下十三分，個人連續一百五十七場投進三分球的驚人紀錄戛然而止，也讓球隊意外輸給了積弱不振的湖人。當時的勇士才剛開季，正試著從前一季輸掉總冠軍的失落中站起，柯瑞也在調整自己該如何與剛加盟的杜蘭特打球。

柯瑞在紀錄中斷之後，很快地收拾心情，讓自己回到正軌，正如他在前一季的總冠軍戰失利之後一樣。他說自己沒有刻意改變什麼，無論是十投〇中還是十二投二中，他都是維持一樣的練習模式，不過這樣糟糕的表現確實讓他的專注力提升到另一個層次，讓他更想看見每一球都能投進籃框。

關於柯瑞的十三

才在前一場比賽投不進任何三分、只得十三分的柯瑞，卻能在柯比創下原紀錄的十三年之後，單場投進十三記三分球締造NBA新猷，十三這個數字說來真的有點玄。

十三和勇士球團的關係其實也不小，高掛在勇士甲骨文球場上的球衣號碼中，第一個退休的背號就是十三號大帥張伯倫。而勇士的前主帥馬克・傑克森球員生涯穿的球衣號碼也是十三號。

十三在籃球場上究竟代表的是好運還是噩運，確實因人而異，有人鍾愛這個號碼，也有人避之唯恐不及。像傑克森在印弟安那溜馬時期的名人堂隊友「大嘴」米勒，雖然是以背號三十一號名震江湖，但據說他之所以選擇這個號碼，除了因為這是他姊姊的背號之外，也是想要把十三號給反過來，象徵扭轉噩運的意思。[1]

歐美文化學者認為，十三之所以會被某些人認為是不好的數字，主要是因為許多大家習以為常的事物，都是以十二做結，加上歷史事件的巧合及聯想而形成的人文現象。像是一年有十二個月，對應了黃道帶上的十二星座，一天的上午和下午各有十二個小時，耶穌則有十二門徒，甚至NBA一節的比賽有十二分鐘等等，而十三就意味謂著超過了此一常態循環，象徵著混亂的開始。像是一九七〇年著名的阿波羅十三號載人登月任務失敗，[2]或是聖殿騎士團在十三號黑色星期五遭到屠殺的歷史事件，而在著名的畫作「最後的晚餐」中，出賣耶穌的猶大正是畫面上的第十三人，這些從古到今的巧合都讓十三背上了黑暗的聯想。美國有許多大樓沒有十三樓，而以「十二A」來取代，就和台灣的醫院普遍沒有四樓是一樣的道理。

但對柯瑞來說，十三這個數字代表的是《聖經》的章節。柯瑞經常引用《聖經》的內容來提醒自己要不斷努力，他會用筆寫在球鞋上，也會在身上刺青。有意思的是，十三是最常出現的數字，像是〈腓立比書〉第四章第十三節，或是〈哥多林前書〉第十三章第八節。

熟悉柯瑞的人都知道他用來激勵自己的那句話：「我無所不能」（I can do all things）。這句話擷取自《聖經》〈腓立比書〉第四章第十三節，原文是：「我靠著那加給我力量的，凡事都能做。」（譯文參考自「中文和合本聖經查詢系統」）這句話很早就出現在他的球鞋上，遠在他大學時期，就有鏡頭捕捉到他用馬克筆在自己的球鞋上寫著這句話，進入NBA之後他也保持著這個習慣。後來Under Armour為他設計的簽名款球鞋柯瑞一代（Curry One），就在鞋舌內側繡上這句話，並把章節數（4:13）放在正面，成為他的信仰標記。

以前王建民在洋基時的隊友休斯，也曾經用這句話來激勵自己，因為休斯的英文名字是菲爾，和〈腓立比書〉諧音，所以他在自己的左手臂上刺下全文。說到刺青，柯瑞也以這樣的方式在身上留下印記。在他的右手腕上，就以希伯來語刺下〈哥林多前書〉第十三章第八節：「愛是永不止息」。而他太太艾莎的右手腕上，也留有同樣的刺青。

相信的力量

運動的世界裡總有些迷信的事，球迷為了心中喜愛的球隊能夠勝利，會形成固定的儀式行為和近乎強制性的習慣。有人說這是一種邏輯的偏誤、因果關係的誤用、推理上的謬證，但球迷始終相信自己所相信的事。

運動比賽總是充滿不確定性，原本單純的機率問題，卻因為其他附加的因素而變得愈趨複雜，像是賭金帶來的刺激和成癮、高風險行為下的衝動性思考，或是同儕團體帶來的壓力和團體動力，而追求好運的迷信行為，就成了這種社群意識的展現形式之一。

關於迷信這件事，球員自己更是有很多不能說的祕密，為了追求好運，任誰也不想說破，深怕就此壞了大事。也因為這樣，許多故事就以訛傳訛，難辨真偽，像是傳說喬丹在打NBA的時候，始終都穿著他在北卡大拿下冠軍時的比賽球褲，就連他到底有沒有洗過這條褲子，都能引起一連串的討論。[3]強如飛人喬丹，對於勝利的執著依舊得寄託在信念之上，就可知道相信的力量有多大。

如果你有看過柯瑞打球，你應該很容易就會注意到一件事：當他出手投進之後，他會用右手輕拍自己的胸膛一下，然後指向天空，眼神也順著食指往天上看去。這是他的習慣動作，也成了他的招牌姿勢，被稱為「上帝之心」（heart for God），代表他有向著神的心。

柯瑞是虔誠的教徒，他和林書豪一樣，認為自己是為了上帝在打球，籃球生涯中發生的一切事情、每一個進球或失誤、每一場勝利或輸球、每一個獎項或批評，到每一季的成功或失敗，都是隨著上帝的意旨前進。上帝始終在他心裡，每一個球的榮耀都獻給上帝。

二〇一六年五月時，柯瑞接受前「聖荷西信使報」的日裔運動專欄作家川上提姆訪問，曾透露他這個慶祝動作的起源。[4]他說那是遠從大一菜鳥球季就養成的習慣，一開始只是他和媽媽桑雅之間的一個小默契。每一場比賽唱完國歌之後，柯瑞會望向觀眾席找尋媽媽的身影。一旦看到媽媽來到球場為他加油，他們就會以此一動作向彼此打招呼。柯瑞本來只會對桑雅做這個動作，後來就變成了他在場上的習慣。每一次他得分之後，他都會以此做為在場上激勵自己的方式。

專訪見報之際，正是西區冠軍戰開打前夕。那時沒有人想到，七十三勝的勇士竟會被雷霆取得領先，被逼到三比一落後的絕地。也沒人想到柯瑞和勇士會一路反攻，最終逆轉擊敗對手。更沒有人想到，在這個系列賽之後，勇士會在總冠軍戰搞砸三比一的領先，被騎士奪下總冠軍。[5]

世事難料，但柯瑞進球之後的習慣不變，他堅持的信念也始終不變。

單場十三記三分球的紀錄究竟會由柯瑞自己打破，還是會維持到另一個十三年後才被別人超越，實屬難料。關於十三這個數字，除了紀錄和《聖經》章節之外，也可以和柯瑞的背號有關。若以中文的數字來說，十三正是三十的相反。也許就像米勒所說的一樣，三十號的柯瑞扭轉了噩運。

無論這是信仰還是迷信，人只要相信，就有力量。

14

3 14 有意思

一九八八年三月十四日，柯瑞在美國東岸俄亥俄州的艾克隆市出生，而在西岸加州舊金山，有一位物理學家賴瑞・蕭則是在這一天開始慶祝「圓周率日（Pi Day）」，從此三一四就成了柯瑞另一個很有意思的數字印記，三十年後，圓周率日已經全球知名，而柯瑞也成了舊金山及灣區絕對的籃球圓心。

從這個數字出發，關於柯瑞及籃球的數學題也就有了更有意思的巧合及解答。

如果你喜歡數學，你該知道柯瑞的生日是三月十四日

圓周率是指一個圓的周長和直徑的比率，約等於三．一四，它常用希臘字母π來標示，發音一如中文裡的「派」。自從一九八八年開始這項慶祝傳統以來，美國及世界各地慶祝圓周率日的方式愈來愈多元，像是許多的披薩店或是製作手工派的烘焙坊，因為同是圓型或是同音，都趁著這一天做特價促銷，不是原價打三．一四折，就是每個只賣三．一四元。到了二〇〇九年，美國眾議院更正式立法通過此一節日，北美各職業運動球隊也經常以此做為節日行銷的噱頭。

像是二〇一七年美國職棒大聯盟的洛磯隊，就曾經在圓周率日這一天，讓所有球員背對鏡頭排成一列，然後用他們的背號依序排出圓周率，一路排到小數點以下第三十位。這張照片被貼在球隊的官方推特上，立刻引起大量轉貼。洛磯官網小編則是先招認此一照片是經過變造的，他們是用既有的球隊照片為底，球衣號碼則是用軟體修圖完成的。沒想到這張照片會受到這麼多好評和關注，更沒想到的是，在媒體轉載之後還被發現小數點第三十位寫錯了。[1]

喜歡數學的人，自然能了解三月十四日所代表的意義（Pi Day）。當然，可能也有許多人不是那麼喜歡數學，即便如此，他們同樣能夠從柯瑞身上了解到數學的有趣之處。

圓周率是個很有深度的數字，它的特性甚至可以用來描述柯瑞在籃球場上的個人特質。圓周率是一個無理數，所以它不能完全用「分數」表示出來。這就好像柯瑞在場上的貢獻，無法完全用他一場比賽所得到的「分數」來表現一樣。兩個「分數」的意思雖然完全不一樣，但用在籃球上的類比卻更有意義。

圓周率是無理數，所以它是無限不循環小數，也就是小數點以下的數字沒有依次不斷出現的重複循環，而且永無止息。對柯瑞來說，目前他每一年的三分球命中率都在四成以上，但小數點數字從來都不一樣，而他在場上的成就同樣無限，對進步的渴望及對勝利的渴求也一樣永無止境。

關於柯瑞的數學，除了圓周率，還講求命中率和比率。至於籃球的數學，看的就是排列組合。想像一下，每一顆柯瑞投進的籃球之中其實都包含著同樣的數字，而場上的兩個籃框也有著同樣「三．一四」的基因。籃球運動的最主要目的就是將球投入籃框，每一次柯瑞的三分球出手，無論是從場上的哪一個角落或是多遠的距離投出，每當它投進籃框的那一剎那，就代表兩個圓合一的時刻。當投進的比率愈高，兩圓合一的時刻愈多，得分就愈高。柯瑞之所以能夠席捲全球，正是他三分命中及所屬球隊贏球的比率極高所致。

進一步看，籃球比賽中最重要的數學守則，就是兩隊終場比數相差絕對不能為〇。除此之外，其他的比分差都有可能發生，而且全是整數。而影響此一比分差的重要關鍵，正是場上比賽十人的排列組合為何。至於影響一支球隊的奪冠機率，則是不同對手排列組合的結果。

在拿下第二座冠軍之後，柯瑞生涯在季後賽投進的三分球，正好就是三一四顆。運動這種東西，確實是很講機率的，而這種巧合的機率又有多少呢？

而當柯瑞成為聯盟史上第八位至少投進兩千顆三分球的球員時，他只花了五百九十七場比賽就達標，原本最快達到兩千里程碑的紀錄保持人是「雷槍」艾倫的八百二十四場比賽，柯瑞的速度之快，足足比前輩快了兩百二十七場。有意思的是，二二七這個數字也和圓周率有關，它是以分數二十二分之七來表現圓周率的近似值，而七月二十二日也被訂為「圓周率近似值日」。

柯瑞如何慶生

柯瑞的生日是圓周率日這件事，很早就被身邊的人注意到了。柯瑞二十九歲生日的時候，他在個人的Instagram上貼了一張生日蛋糕的照片。這個特地為他準備的造型蛋糕，除了以勇士的配色及金門大橋等球隊識別元素之外，還別出心裁地放上π的金色符號，結果沒想到眾人的目光全都放在π符號旁邊的白色牙套。

而他所代言的Under Armour籃球鞋，也從他二十六歲生日時開始推出柯瑞生日特別款，第一雙是用色彩繽紛的巧克力米點綴，第二雙是以驚喜派對為內裝主題，第三雙是用彩色紙花為鞋底上色，第四雙則是以奶油蛋糕為配色，每一年柯瑞的生日款球鞋都是以童心未泯的派對顏色為主，展現超級歡樂的氣氛。[2]

到了柯瑞三十歲生日，ＵＡ結合最新的柯瑞五代球鞋推出Pi Day紀念款，這一次卻是以全黑色登場，並在鞋底以透明雪膠底呈現三．一四圓周率。ＵＡ還在三月十四日限量發行三百一十四雙做為慶祝，雖然柯瑞因為受傷沒有上場比賽，但仍穿著這雙球鞋到場，定價一百三十美金的紀念鞋也旋即銷售一空。[3]

更有意思的是，球隊還為柯瑞舉辦了一個驚喜生日派對，即使當下勇士戰績仍居西區第二，同時飽受傷兵困擾，但從媒體及球員社群網站張貼的影片來看，柯瑞和隊友玩得十分盡興，總教練柯爾甚至為此宣佈取消球隊隔天的練球行程，讓球員好好休息。[4]

由此也可以看出，勇士上下相處的氣氛極佳。柯瑞在三月十四日出生的意義，除了從數學的角度來詮釋之外，其實也可以從占星學來看：伊古達拉一月二十八日生，湯普森二月八日生，格林三月四日生，杜蘭特九月二十九日生，而柯爾則是九月二十七日生，勇士五大球星加上總教練共計有兩個雙魚座，兩個水瓶座和兩個天秤座，這些人具備了許多美好的特質，像是重視朋友及團隊、溫和容易相處、強調公平及領導力等等，都讓這些人能成為一個均衡的團隊。

無論是數學還是占星學，放在籃球場上或許都帶有一點神祕的色彩。但過去許多數學家為了計算出圓周率而殫精竭慮，現在也還有許多人嘗試以一己之力背誦到小數四萬位以下好打破世界紀錄，這些不斷嘗試的熱情、衝動和努力，其實和籃球場上的柯瑞是一致的。而三．一四以下十萬小數位之中出現最多次的單一數字，你猜是什麼呢？

正是代表冠軍的一。

15

15歲的真愛

當二〇一七年封王凱旋遊行結束之後，柯瑞用一種共同的方式註記自己人生中的第二座冠軍：和家人一起刺青。他找了刺青師尼諾到自己家裡，選擇在左手前臂刺下希伯來文，就連他的妻子艾莎、老爸和弟弟也一起刺了。[1]

這已不是艾莎與柯瑞身上共有的第一個刺青，而細數柯瑞身上的刺青，每一個都有著自己的故事。不顯眼，但難以忽視。這些刺青除了與信仰、家庭、籃球有關之外，尤以浪漫愛情的印記最引人入勝。

如果你喜歡浪漫，你該知道柯瑞15歲就遇上真愛

兩人共同擁有的刺青中，最引人注意的就是柯瑞左手臂上一個神祕的雙箭頭符號（∨∧）。許多人都曾猜測這究竟是什麼意思，直到柯瑞夫婦接受雜誌專訪時才意外揭露了其中的含義。

一個箭頭代表過去，另一個則是代表未來，這兩個箭頭並不是同時朝向同一個方向，或是相反的方向，而是彼此相對。這並不是針鋒相對的寓意，而是要在過去和未來之間留有最重要的空間，那就是當下的現在。[2]

原來這個符號的意義是提醒兩人在人生的旅途上，最重要的是珍惜當下，把握現在，真心對待彼此，享受每一刻的樂趣。有多少夫妻為了過去的事情爭吵不休，放不下心裡的包袱而讓感情變質？又有多少愛人一心只為了未來打拚，只顧著努力前行卻忽略了身邊的風景，結果讓感情轉淡？

若只看過去，怎能把握現在？失去當下，未來又有何意義？

而柯瑞夫婦的過去，是從柯瑞十五歲的時候開始起算。他們兩人不是從小一起長大的青梅竹馬，而是參加夏洛特市的教會團體時認識的，那年艾莎才十四歲。[3]但艾莎在接受「時人雜誌」專訪時表示，兩人並沒有一見鍾情，因為那時她覺得喜歡柯瑞的女孩太多了，也許他並不是她的菜。

艾莎的父母曾找到一張她高中戲劇課時的手抄筆記，上面問到妳心目中的另一半是什麼樣的人，艾莎寫的竟是：「我不要嫁給運動員，因為他們太臭屁了。」[4]兩人在認識彼此之前，除了信仰之外，彼此的過去和未來幾乎是沒有交集的。艾莎的人生目標是闖蕩好萊塢，當一個演員和模特兒，而且她對於運動簡直是一竅不通。

十五歲時就遇上真愛，但愛要成真還得等一等。

二〇〇八年，當二十歲的柯瑞率領戴維森學院打進菁英八強（Elite Eight）而在全國媒體嶄露頭角之際，艾莎則在洛杉磯從事演藝工作，他們在臉書重新聯絡上之後，柯瑞試著約艾莎出去，兩人直到此時才開始約會。雖然艾莎這個圈外人還是對柯瑞在籃球場上的能耐一無所知，但她卻已經發現這傢伙跟她想像中的運動員完全不一樣，反而傻里傻氣地又很好笑。

雖然柯瑞對艾莎充滿主動，但先開口說愛上對方的人卻是女生。只是沒想到柯瑞的回答居然是：「我覺得我也愛妳，但除非我很確定自己的心意，不然我不想輕易地說愛妳，因為我希望我在說這句話的時候是認真的。」

即使柯瑞的本心和用意是真誠的，但在女方聽來卻完全是推託之詞的拒絕。艾莎在回憶這件事時說，她立馬鑽進車子，急踩油門開車回家，因為她已經忍不住眼淚了。

直到幾個月後，當兩方的家人聚在一起看電影過聖誕節的時候，柯瑞突然在她耳邊輕聲地說：「我愛妳。」這時她知道，他是認真的了。

柯瑞有沒有妻管嚴？

做為ＮＢＡ超級球星，柯瑞的一舉一動不只在場上引人關注，他在場外的婚姻生活也成了媒體及球迷檢視他的一部份，因此艾莎的一言一行也跟著成了媒體報導的焦點。而從媒體呈現的角度來看，艾莎算是非常強勢的另一半。

兩人曾在接受親子雜誌專訪時，被問到為何要這麼年輕就結婚，柯瑞說他心中已經認定了是艾莎，所以迫不及待地要和她展開新生活。艾莎自己則是因為結婚沒多久就懷孕了，所以必須留在家裡照顧孩子，無法繼續追尋明星夢，但她對自己的事業仍有想法，生活方式也有其主張。

艾莎曾說她從不認為自己是「ＮＢＡ球員的老婆」，[5]無論柯瑞多成功，艾莎仍有自己的事業和角色認同，像她在專業廚師的工作上勝任愉快，但柯瑞也不會因此就認為他是「廚師的老公」吧？，既然如此，又怎能要求她只以ＮＢＡ球員的太太自居呢？艾莎說她媽媽總是告誡她，不要在婚姻中失去自我，她也很開心自己能夠找到婚姻、家庭、事業與自我的平衡。艾莎有主見，柯瑞也十分尊重她，就連艾莎在節目上爆料說柯瑞最愛她的裸足，他也不以為意。[6]

究竟柯瑞是不是被妻子管得死死的，或許並不重要，重要的是他們為彼此創造的空間，讓他們能追求當下的熱情和夢想。

柯瑞要當個好老公有多難？

柯瑞是浪漫的雙魚座，又出生在白色情人節，似乎天生就是個標準情人老公的料。但柯瑞要做一個好老公，除了對妻子要好之外，也得扮演好爸爸的角色，艾莎做為一個媽媽，許多不想或是沒耐心處理的事情，她都交給柯瑞處理，這一點真的不簡單。

怎麼說呢？柯瑞和一般人不同，做為NBA球員的他常常無法在家，不是隨隊到客場比賽，就是配合球隊訓練及相關宣傳活動。柯瑞光是投籃練習，每天的基本量就是兩百五十顆，這還不包括其他重量訓練和分組練球。即使是主場的比賽，他也得提早出門進場熱身準備。像這樣每天訓練三小時以上，一年有七個月的時間在外征戰四十一場比賽，休假及休季期間還得配合贊助商及聯盟參加活動，能夠在家的時間確實不多。

這也就是為什麼在職業運動員的婚姻裡，偷吃出軌的新聞屢見不鮮，也有許多球員的老婆在老公退休之後不久就要求離婚，因為她們已經習慣了老公不在身邊的生活模式。本來做人老公，就該從一而終，這是常理，聽來也合理。但眼看許多NBA球員的婚姻，常理和合理多半都成了貌合神離的相應不理，由此就可以知道柯瑞能當個好老公真的不容易。

曾有人整理了二十一個為什麼柯瑞夫婦是模範夫妻的原因，[7]但真正重要的還是他們對彼此的信念和支持。如果仔細看，柯瑞和艾莎還有另一個共同的刺青，在他們的右手上以希伯來文寫著：「愛是永不止息」。這愛不只包含了信仰、工作和家人。

這愛，也包含著彼此。

第三節：和你一樣的一般人

勇士在第三節有多強？二〇一七到一八年球季，金塊在第三節的得分總共可以比對手多出一百六十四分，排在全聯盟第二，而第一名的勇士竟是金塊的兩倍，淨贏對手高達三百三十分。二〇一八年的柯瑞則是在近三年內兩度成為全聯盟在第三節得分最多的球員。[1]第三節的比賽，正是柯瑞和勇士的拿手好戲。下半場一開局，勇士經常在對手仍未回過神來之際，以三分浪花攻勢掀起一輪猛攻，就此底定比賽。

第三節之所以關鍵，是因為此時雙方球員都容易出現情緒上的轉折。原本在賽前做好的心理武裝，可能在經過中場休息的空白之後開始鬆懈，或是因為上半場的激烈拉鋸而過度緊繃，這時球員的情緒最容易浮動，在面對許多突發狀況時不知道該如何及時調適，一旦打得不順就會煩躁，遇到挑釁就失去冷靜，接著愈打愈不對勁，愈想改變就愈提不起勁，團隊士氣就開始冰消瓦解。這時真正的較量不在場上，而在心裡：能控制住自己的情緒，就能控制住比賽的走勢。

柯瑞是一般人，他和我們一樣會煩，會累、會生氣、會絕望無奈，也會受困在每個人都會有的情緒之中，甚至懷疑自己，難受想哭。但柯瑞之所以能成功，就是因為他在面對這些負面情緒的時候，會想辦法引導自己，從而帶出不一樣的結果。即使不見得每一次都能奏效，柯瑞照樣也有情緒失控的時候，但正是知道自己的不完美，才會讓他試著在下一次做得更好，也讓柯瑞在第三節更有威力。

16

16號的心情奴隸

十六號，在這一章裡指的不是背號，而是日期。在二〇一六年的季後賽時，十六號對柯瑞來說就像是個魔咒一樣，是個很不順心的日子。

二〇一六年四月十六號，季後賽的第一場比賽他就扭傷了右踝；五月十六號，西區冠軍戰的第一場比賽他就輸給了雷霆；到了六月十六號，總冠軍賽的第六戰他不只輸球、讓騎士追平戰局，更是生涯第一次被裁判驅逐出場。一個接一個的不順，全發生在二〇一六年的季後賽，每逢十六號，柯瑞的情緒都被弄到最糟。連續三個月，柯瑞都在十六號跌了一大跤，最終讓他失控發怒。

柯瑞之所以能走紅的原因之一，是因為他就像個普通人，成功來自於個人的不斷努力，而不是單單只靠天份。如果像他這樣的一般人都能成功，別人也就沒有什麼藉口推託，也更有可能複製他的成功。這一點確實沒錯，而他的情緒，其實也像一般人一樣容易顯露。

柯瑞同樣會生氣，而且會氣到不可遏抑。他的憤怒，會讓他情緒失控，這是他的真性情，而他的過人之處，也就在於控制自己的情緒，即使真情流露，他也能妥善處理憤怒所帶來的後果。

該怎麼樣才能讓柯瑞氣到破表？他又是怎麼面對憤怒的情緒和後座力？

如果你怒了，你該知道柯瑞一六年季後賽的心情

二〇一六年的季後賽，柯瑞的勇士分別對上哈登的火箭（四比一勝），里拉德的拓荒者（四比一勝），杜蘭特的雷霆（四比三勝）和詹姆斯的騎士（三比四敗）。

柯瑞在季後賽第一場對上火箭時就扭傷了右腳踝提前退場，雖然傷勢不算重，但總教練柯爾決定儘量讓柯瑞休息，一直保留到第四場比賽才讓他再度上場。只是誰也沒想到，上半場結束前的最後一次防守，柯瑞居然因為踩到濕滑的地板而劈腿跌倒，結果嚴重地扭傷了他的右膝。

這一傷，也賠上了勇士當年的冠軍。雖然柯瑞在第二輪對上拓荒者的第四戰復出，但右

膝受傷之後的柯瑞破壞力大減，無法再靈活地切入禁區撕裂對手防線，多半只能空手走位後在三分線外投射取分。即使柯瑞在西區冠軍戰力挽狂瀾，硬是把取得三比一領先的雷霆給打下來，但因傷被迫退化成為純三分射手的柯瑞，最終還是搞砸了總冠軍戰的聽牌優勢。

二〇一五到一六年球季，柯瑞總共出賽了九十七場例行賽和季後賽，全季只因傷缺陣了九場比賽。在這九場比賽當中，勇士在例行賽輸了一場，在季後賽則是輸了兩場。那年的勇士，在例行賽和季後賽各輸了九場比賽，而季後賽最後也是最重要的那三場敗仗，柯瑞都有上場，但都沒能改變球隊輸球的結果。只看這些數字，你可能會覺得柯瑞不打似乎對勇士的輸贏沒有太大的影響。

事實不然，柯瑞之所以無法為勇士取得二連霸，那年季後賽新受的膝傷正是主因，此一傷勢嚴重地限制了他在場上的發揮。即使柯瑞從來不承認這是落敗的關鍵，但傷後的柯瑞確實打不出該季全票ＭＶＰ的全面性表現。他依舊能夠得分，只是不再具有左右戰局的能力。

做為職業球員，在媒體上的潛規則之一，就是絕對不要把自己的傷勢和表現連在一起，不然就會被外界視為在替自己的糟糕表現找藉口。柯瑞也曾經說過自己並不在乎帶傷上陣，畢竟打到球季末，每個主戰球員身上多少都帶著大小不一的傷勢，這一點大家都一樣，沒什麼好說嘴的。所以面對傷勢帶來的身體限制及心理衝擊，柯瑞只能苦撐和硬吞。

媒體的報導也帶給勇士全隊巨大的心理負擔，一開始挾著超越喬丹公牛的王者氣勢進入西區冠軍戰，沒想到勇士居然被對手逼到絕境，差一點翻船出局。自此，媒體風向就開始出現微妙的轉變，揶揄之聲不絕於耳，各界似乎在等著看勇士出大糗：打破了例行賽勝場紀錄的球隊卻連總冠軍戰都打不進去。即使勇士後來拉出一波五連勝，但這個心理陰影已然形成，無論球員還是球迷都在擔心，萬一勇士真的拿不到總冠軍，七十三勝的史詩球季就成了史上最大的笑話。

從這樣的戰況發展看來，不難想見柯瑞當年在打總冠軍戰時的情況：曾困擾他多年的右踝再度受傷讓他心有疑慮，從未受過傷的右膝更給了他前所未有的挑戰，加上絕對不能輸的壓力，種種劣勢讓他的身心都處於高度緊繃的狀態，就像他一層一層被繃帶緊緊包裹住的膝蓋，是個隨時都有可能爆發的不定時炸彈。

總冠軍戰的局勢發展也很戲劇化，一開始勇士在主場取得二連勝，第二戰更以三十三分之差海K對手，眼看就要為此一系列賽定調，熬過西區冠軍戰逆境的勇士似乎能夠就此一帆風順，直取冠軍。結果第三戰騎士反咬一口，贏了勇士三十分，也悄悄改變了比賽的天平。勇士雖然立刻在第四戰取勝，但卻無法在主場拿下關門的第五戰，逼得勇士必須在客場打第六戰。

而這場充滿爭議的第六戰，主場作戰的騎士一直壓著勇士打，第一節打不到一半，柯瑞就吞下兩次犯規被迫提前退場。接下來勇士落後高達二十四分，一路在後苦追，但明顯不利於柯瑞的哨音不斷累積，讓柯瑞氣在心裡，愈打愈浮躁。尤其是第五次犯規，柯瑞漂亮地抄下對手厄文的球，眼看就是一記輕鬆快攻上籃，將比分差拉近成個位數，結果哨音又響，勇士的反攻力道再度受挫。

到了第四節後半，柯瑞先是挨了一記詹姆斯的鍋子，還被對手回頭示威性地說了幾句，接下來厄文在後場將球傳給詹姆斯，差一點被柯瑞抄掉，詹姆斯跳起來搶回球之後順勢壓到了柯瑞，裁判卻在此時響哨，給了柯瑞第六次犯規。這時柯瑞終於按捺不住，一怒之下拿起牙套就往場外丟，結果砸在場邊的球迷臉上，裁判馬上追加一個技術犯規，並把柯瑞給趕出場。

想想柯瑞從二〇一三年底就不曾六犯畢業，職業生涯更從來沒有被驅逐出場，這一切都在六月十六日改變。因為他怒了。

怒的代價，為心所奴

如果注意到「怒」這個字是「奴」加上「心」的話，你就不難理解，發怒的意思就是心變成了情緒的奴隸，人則是不由自主地被怒氣所奴役和驅使。雖然在文字學聖經《說文解字》中並不是這麼解釋的，但由此去拆解「怒」的字形及字義，卻能得到不一樣的啟發。

憤怒是人之常情，當你被人攻擊、受到侮辱、遭人欺騙，或是遇上挫折時，你自然會感到憤怒，這是再自然也不過的事，過度壓抑反而更糟。但憤怒的情緒若是太過強烈或是持續太久，將會帶來更不好的影響。所以憤怒的本身並不是問題，問題是你該如何面對它。

如果你怒了，你該正視自己被奴役的心。急怒攻心，一時失了理智，常常都是後悔的結局。還原二〇一六年第六戰的第六次犯規，其實並不是在合理化柯瑞的憤怒，也不是在替他發洩怒氣的方式找藉口。只是想要點出一件事：人難免會生氣，即使你有再多的理由可以生氣，一旦發怒，就有代價。

柯瑞在發怒之後很快地冷靜下來，先是向被他砸中的球迷握手致意，後來也在賽後記者會上表達歉意，這是好事，試著讓憤怒的傷害降到最低。不過柯瑞的事後處理只能讓他稍稍免於各界指責的聲浪，想必當時他的心中絕不好受，只能埋頭繼續準備三天後的主場生死戰。

柯瑞不是神，甚至不是超人，他只是和我們一樣的一般人。他有情緒，也會出錯，他追求完美，但知道自己絕不完美。而柯瑞和一般人不同的地方，就是他知道該如何在這樣的情緒之下繼續比賽，繼續訓練準備，繼續每一天的生活。

我們也和柯瑞一樣，必須學會如何在不同的情緒之下繼續上班和上學，繼續準備明天的工作和作業，繼續過每一天的生活。但知道有人和我們一樣有情緒，是一種被了解的感覺。
而知道這個人和我們有不一樣的情緒處理方式，則是又多出了一種學習的可能和境界。

17

17分的延長賽

十七分，這樣的得分紀錄並沒有什麼驚人之處。NBA史上真正驚人的十七，是塞爾提克拿下聯盟最多次的冠軍紀錄。波士頓十七次冠軍的成就需要六十年來累積，而對柯瑞來說，他只花了五分鐘就拿下十七分，並成為聯盟史上延長賽得分最高的球員。

那時的他，其實已經累慘了。

在NBA賽場上比賽，體力的消耗是很大的。許多球員即使訓練有素依然無法負荷，畢竟比賽的強度及對抗性太高，球員若想打好打滿確實非常累人，更別說要在競爭強度更高的季後賽裡打到延長賽。

二〇一六年西區季後賽第二輪第四戰，柯瑞在右膝受傷之後首度投入正式比賽。那一場比賽的前四十八分鐘他打得糟透了。將近半個月沒比賽了，他還在找感覺，而那也是柯瑞該季唯一一次不是以先發球員身份上場。從板凳出發是總教練柯爾的決定，希望此一調度能讓柯瑞更容易找回場上的比賽節奏。

拓荒者在那個系列賽雖然只拿了一勝，但過程中確實曾讓勇士嚇出一身冷汗。以里拉德及麥卡倫為首的雙槍陣容，犀利的攻擊讓沒有柯瑞在陣的後場出現大洞。勇士雖然先在主場取得了兩勝的領先，但在客場第一戰就以十二分之差輸球。拓荒者士氣大振，大有一副從後趕上的勢頭，讓柯爾不得不讓柯瑞上場壓陣。事實上，在西區準決賽開打之前，教練就預告會試著讓柯瑞在第四戰回歸，但當時的想法是讓傷後的柯瑞進行實戰練兵和調整，誰也沒料到柯瑞是要回來拯救球隊的。

沒想到，這場比賽居然會打到延長賽，更沒想到，看起來累得半死的柯瑞居然會在延長賽復活。那時的他有多累？他是怎麼對付疲勞的自己？又是如何從疲於奔命之中跳脫出來？

如果你累了，你該知道柯瑞打到延長賽還能拿下十七分

延長賽是很有意思的比賽，理論上它代表了兩隊在正規時間終了前共同創造出的一種糾結，雙方打得勢均力敵，所以才會僵持不下，需要延長賽來分出勝負。不像其他運動聯盟有

在延長賽一得分就立即獲勝的「驟死賽」規定，NBA是以時間為準，雙方必須把延長賽的五分鐘打完才行。如果還是平手的話，就再打五分鐘，一直延長到分出輸贏為止。一九五一年，印弟安那波里斯奧林匹亞人（已解散）對上羅徹斯特皇家（現沙加緬度國王）時就殺得難分難解，一直打到六度延長賽才以一球之差勝出。[1]

不過也不是每一場延長賽都能延續雙方平手的均勢，很多時候一打到了延長賽，有些球隊可能就會馬上卡關，好不容易才拚出延長賽的生機，結果在加時的五分鐘比賽裡，一下子就被對手的一波攻勢打趴，再也追趕不上。這是因為打到延長賽，大多數的球員都累了，身心的疲累限制了他們的發揮，最終兵敗如山倒。想像一下，球隊才剛剛追平了比數，馬上就要在激情的高峰之後，重新整理情緒來面對比賽的考驗，這種時候更容易覺得疲累。而延長賽就像是一場迷你的比賽，無論之前雙方是火力全開拿下一百二十分，還是互拚防守只拿了八十分，延長賽就是從〇比〇打起，然後看誰能在五分鐘之內拿到最多分。如果沒有辦法對抗自己的疲勞，就只能眼睜睜看著對手拿走勝利。

也許有人會覺得當年拓荒者最後以一勝四敗輸球，勇士那個系列賽根本不需要派柯瑞上場。從結果來看似乎如此，但若還原當時的情況就可以發現，拓荒者打出了驚人的強勢，讓勇士有如芒刺在背，一不小心就會翻船。那一年的拓荒者可說是一支屢屢創造驚奇的球隊，先是在季前大失血，原本明星級的先發五人陣容走了四人，包括去了馬刺的大前鋒艾德里奇、去了黃蜂的小前鋒貝頓、前進大蘋果的中鋒洛培茲，以及轉隊小牛（現稱獨行俠）的後衛馬修斯，這四人的場均得分總和是五十八．三分，占了全隊得分的一半以上。當多數專家認為拓荒者該季絕望之際，球隊卻靠著獨當一面的少主里拉德，以及扶正先發之後大爆發的C．J．麥卡倫，帶領一票拼湊出來的陣容搶下西區第五種子。

拓荒者在季後賽首輪也再爆冷門，先是在客場連輸兩場給第四種子的快艇，接著在主場扳回兩勝平手，並趁著快艇兩大主將保羅和葛里芬受傷缺陣的空檔一舉終結對手。若是光看主場季後賽的勝率，拓荒者在那一年遇上柯瑞之前還從沒在自己家裡輸過。這也是為什麼勇士會如此小心的原因，即使握有兩場領先，但眼看劇本的走向居然開始漸漸向前一輪靠攏，在主將受傷的情況下，一不留神，勇士很可能會像快艇一樣栽在難以預測的拓荒者手中。

拓荒者在這第四戰第一節也完全壓著勇士打，取代柯瑞先發的李文斯頓沒能發揮身高優勢，第一節還剩六分鐘時，勇士居然以二比十六落後，進攻完全當機。柯瑞也就是在這個時候首度上場，但他還在找感覺，沒能立即助隊扭轉局勢，只能在後苦苦追趕。而在對手的嚴防之下，柯瑞前九次三分出手全數落空，打得極為掙扎。打不出節奏，也讓他身體的疲累感更大，眼看勇士就要像快艇一樣沉船。

柯瑞一直打到第四節時間剩下四分半時才投進個人全場第一個三分球，助隊追平比數，但他十投一中的命中率實在不理想。對手里拉德這場比賽的表現十分出色，馬上還以顏色超前，兩人對轟，互不相讓。接著柯瑞以切入吸引對手包夾，傳給隊友巴恩斯在外線得手，讓勇士再度追平了比數。此時的柯瑞原本可以在正規時間結束之前絕殺對手，時間還剩二十二秒時，柯瑞持球準備最後一擊，然而他從右路切入拋投失手，才讓比賽打進延長賽。

這場比賽多半是由拓荒者保持領先，前三節雙方只互換領先一次，但在第四節及延長賽雙方互相拉鋸纏鬥，曾經十次互換領先地位，像這樣高強度的拉鋸戰更耗體力，對傷後首度復出的柯瑞來說更是累人，只是沒想到他卻像倒吃甘蔗，愈打愈好。就在延長賽剩下兩分鐘的時候，柯瑞先以一記三分，將領先擴大到五分。對手還沒回過神來，柯瑞馬上又來一記長射，徹底打垮了對手的士氣。

其實那天拓荒者在延長賽的表現並不差，前三分鐘還是緊咬不放，甚至取得三分領先。如果柯瑞沒有在延長賽繳出破紀錄的表現，拓荒者很可能一舉扳平系列賽，在兩隊氣勢一消一長的情況下，勇士能不能打進西區冠軍戰就很難講了。

再累，也要出類拔萃

對NBA球員來說，在打完長達八十二場的例行賽之後，那種日積月累的疲累，到了季後賽更是明顯。若是打到一半被迫休息，回歸之後的那種疲勞感將更為強烈。當時的柯瑞就是如此，而且教練團原本只打算讓柯瑞打二十五分鐘，因為剛從傷兵名單復出的他還不一定能負荷季後賽的比賽強度，沒想到最後他打了快三十七分鐘。

柯瑞累了，只是他挺住了。

有些球隊在延長賽還拿不到十七分，像這場比賽，拓荒者全隊就只拿了十四分。柯瑞能夠在延長賽率隊勝出，並不是因為對手氣力放盡，無力相抗，畢竟前三分鐘雙方依舊旗鼓相當，互換領先，只是拓荒者頂不住柯瑞一個接一個的三分外線，士氣被逐步打垮。一開始還能與之匹敵，後來就只能目送勇士揚長而去。

很多人不會忘記，柯瑞在這場延長賽中曾經大喊：「我回來了！我回來了！」他找回了比賽的狀態和驚人的手感，就好像電影「少林足球」裡的大師兄回來了一樣。不少人也可能記得，當時拓荒者的老闆鮑默看著柯瑞不可思議的三分演出時，那一臉錯愕的表情。

沒有柯瑞的勇士雖然依舊能夠取勝，但要打出當者披靡的宰制性球風，前提就是柯瑞得要完全發揮才行。只要他打出了沛然莫之能禦的全面表現，你就會發現每一個勇士球員的表情就變了一個人，人人充滿自信和打球的樂趣。這正是柯瑞一槌定音的價值所在。

賽後記者訪問柯瑞，問他是從哪裡找到比賽能量，他雖說的輕鬆，但確實可以看出這場比賽的累人之處。這場高壓力、高張力，和高競爭力的比拚，不只時間長，又是在客場作戰，而且又是他傷後首度復出，又是在比賽落後上場追分，一開始又是表現不好，苦苦掙扎，直到最後，他才克服種種的疲累，讓球隊獲得成功。

疲勞當然是日積月累而成的，但是累積疲勞的時候，也是在累積自己的經驗和實力。柯瑞若是沒有平常的累積，也不可能會在延長賽打出這樣的成績。由此來看，所謂的累，也許只是上天給人的一種分類。你能撐住身心的疲累，就能達成另一種境界。

換成是你，會怎麼面對疲累？

18

給煩心蠻18個洞當出口

如果你每天都做同一件事，會不會煩？

如果你每天做的同一件事，都會讓你花上十到八個小時，你會不會煩？

如果你每天都做同一件事，連續做十八年，你會不會煩？

如果你會煩，那每天都在打籃球的柯瑞也一樣會煩。這時就要找個暫時性的出口，而柯瑞的出口之一，就是去打高爾夫球。出人意料的是，他去打的還是職業賽。更讓人驚奇的是，他打得還不算太差。

如果你煩了，你該知道柯瑞也可以打十八洞

「人一輩子能做好一件事就功德圓滿了。」這句話是已故劇場大師李國修的人生座右銘，也是他父親留給他的一句話。而李國修老師一輩子只想做好一件事：「開門、上台、演戲。」對柯瑞來說，「開燈、上場、打球」。應該也是一樣的道理。

在華人社會的傳統價值觀中，「不務正業」本就是大忌之一，專心致志才是人生出頭天的硬道理。如果有人喜歡東玩西玩，毫無定性，那他也許真的該定下心來，擇一而終。但如果有人非常專心在單一事物之上，那他反而該停下腳步，看看身旁被他忽略的風景。

「煩」這個字取了「頁」的字形代表人的頭，在旁放了把「火」，也就是說當人煩的時候，就是火已上頭。對大部份的人來說，在工作上只專心做一件事情而不尋求改變，就算工作再有趣，久了一定會煩，而想要無止境地忍受單調、枯燥和乏味的生活步調也是不可能的。人需要調劑，需要分心，需要離開。只要一下的空檔，他就可以重新充電。只要放開，他可以重新找到熱情。

若是從這一個角度來破除「不務正業」的迷思，那柯瑞分心去打高球又有何不可呢？只是為了打高球，柯瑞有時還得面對其他煩人的事，畢竟他名頭響亮，樹大招風。舉例來說，他曾在二〇一七年八月以贊助商名額特例，參加威達康巡迴賽旗下的艾利梅菁英賽，做為外卡參賽者的柯瑞，就一直被別人拿來說嘴。該賽事是屬於美巡賽（PGA Tour）的次級賽事，有人說柯瑞搶占了其他職業球手的名額，而那些人是靠打球吃飯的，不像他是來玩票的。也有人認為他侵門踏戶撈過界，不夠尊重高球專業。更有知名職業高球手完全不看好柯瑞的表現，在賽前就放話說如果柯瑞連兩天打出低於八十桿就要吞下球袋。[1]在各方的關注之下，一時之間，原本單純的打球也成了壓力高張的競爭。

結果，柯瑞連兩天打出七十四桿做收，雖然在所有選手中排名倒數第五，無緣晉級，但他打敗的人當中有三名職業球員。柯瑞令人意外的表現，也讓看扁他的人再度跌破眼鏡。事實上，讓柯瑞以贊助商特例參賽，其目的之一也是協助賽事宣傳，受益最大的還是賽事本身，不只讓該賽事曝光度大增，對於高球運動的年輕化及普及也有幫助。[2]

柯瑞對於高球的熱愛其來有自，他曾經表示自己從十歲就開始打高球，而他常常在腦中模擬自己的揮桿，校正自己的姿勢。妻子艾莎就常調侃他老是在那裡揮著看不見的球桿，還曾一不小心打破了下榻飯店的房間玻璃。

柯瑞對高球的熱愛，讓他即使在籃球場上受了傷，也還是要上高球場報到。二〇一八年三月二日，勇士作客亞特蘭大出戰老鷹，在這場比賽中，柯瑞在第一節防守對方時受傷，他在落地時踩到隊友帕楚利亞的腳而扭傷了右踝，雖然他第二節就重回場上比賽，全場拿下二十八分，但總教練柯爾為了保險起見，還是在第三節讓他退場休息，勇士最後以五分之差取勝。

那天賽後柯瑞在接受ESPN的記者訪問時表示自己覺得還好，所以隔天早上還是和隊友湯普森兩人一起跑去喬治亞州最著名的奧古斯塔球場打球。[3]該球場是高球界四大錦標賽之一的「美國名人賽」舉辦場地，歷史悠久，馳名全美。每年四月，都會有頂尖高球選手在這裡穿上代表名人賽冠軍的綠色外套。

柯瑞的高球技巧當然離這件著名的綠外套非常遙遠，但這並不稍減他對高球的熱情，也因此常有傳言指出柯瑞從NBA退休之後會轉戰高球界，就連美國高爾夫網站的副主編也希望這個謠言是真的。[4]做為一個職業籃球員，柯瑞在籃球場上的速度和跳躍力在高球場上當然毫無用武之地，但他出色的協調性和力量，可以讓他有能力將球輕鬆打上果嶺，而他動態瞄準的專注力（quiet eye）和手感的穩定度，則是讓他能在壓力之下完成精準的推桿。籃球和高球之間看似沒有關聯，其實仍有相互呼應之處。

雙棲不是花心，分心當做散心

美國職業運動史上有許多出名的雙棲健將，許多籃球員從高中就開始兼打美式足球或是棒球，這些運動都需要高人一等的速度和協調性，他們在大學時也成為不同校隊的絕對主力，後來甚至進入兩種不同運動的職業聯盟打球。現任波士頓塞爾提克總經理安吉，在他贏得兩座NBA總冠軍之前，就曾經在MLB多倫多藍鳥隊打了三個球季。[5]

大部份的雙棲籃球員在高中或大學時期取得驚人的成就之後，就會選定一項運動專心發展。像是著名的費城七六人戰神艾佛森，在高中時就曾率隊同時拿下籃球及美式足球的州冠軍，前紐約尼克後衛沃德更曾在大學時期獲選為海斯曼獎得主，該獎項是大學美式足球員的最高榮譽，身為四分衛的他也在那年拿下全國冠軍。

有人甚至在高中時還是三棲明星，像「魔球」這部電影中的主角比恩（就是布萊德彼特演的那個奧克蘭運動家隊總經理）高中時就是各校追逐的明星球員，因為他同時能打籃球、棒球和美式足球。據說史丹福大學曾打算用棒球及美式足球的雙料獎學金招徠比恩入隊，用他來取代原有的校隊四分衛艾爾威。當時的艾爾威也是拿雙料獎學金，後來成為職業美足丹福野馬隊的傳奇四分衛，由此可見高中時的比恩有多強。

雙棲籃球員雖然很多，但能夠在不同的職業運動聯盟揚名立萬的人仍是鳳毛麟角。首先，要想被兩個不同職業聯盟選中已經很不容易，北美職業運動史上只有一位球員曾經是兩種不同職業運動球隊的首輪新秀，一九九三年布魯爾被夏洛特黃蜂以首輪第二十順位選中，和柯瑞的父親當了四季的隊友，而他早在一九八九年時就曾在第一輪選秀時以第二十六順位被西雅圖水手隊選走。[6]

被選中之後，想要在兩個不同職業聯盟登頂更是難上加難，北美職業運動史上只有一位球員曾拿下兩種不同運動的職業冠軍，康利曾經在MLB密爾瓦基勇士拿下世界大賽冠軍，後來又在波士頓塞爾提克拿下三次NBA總冠軍，但那已經是一九六一年的事了。

最有名的雙棲籃球員當然還是飛人喬丹，一九九三年率領公牛奪下三連霸之後決定去打棒球，但最後沒能在芝加哥白襪登上大聯盟，只在小聯盟留下兩成出頭的打擊率，就在大聯盟罷工之際宣布重返公牛。喬丹做為NBA的看板人物，最終沒能在棒球界闖出名堂，但值得一提的是，他也和柯瑞一樣熱愛高球。

過去這麼多雙棲明星，都是充滿天份和熱情，同時又極其幸運的人，才能在不同的運動聯盟中發光發熱，而柯瑞打高球的目的，當然並不是想成為另一個雙棲明星。他對高球的熱愛，也並不是花心，以現階段來說，籃球才是他全心付出的事業。所以，高球只是他散心放鬆的憑藉，是他暫時抽離現實生活的方式。

民初作家王藍曾在名著《藍與黑》的第一章中寫下：「一個人，一生只戀愛一次，是幸福的。不幸，我剛剛比一次多了一次。」但對柯瑞來說，在籃球之外愛上高球，仍是幸福的。所以，如果你很煩，不管是頭頂發熱，還是心裡生火，試著像打高球的柯瑞一樣，在煩心上鑿十八個洞來宣洩壓力，為自己找一個暫時性的幸福出口吧！

19

10拿9穩

許多人以為，柯瑞只要出手，就是十拿九穩。

錯了，這得看情況。

史上再強的外線射手，生涯三分命中率再高也僅僅是四成五（紀錄保持人是勇士總教練柯爾）。即使是以籃下出手為主的長人，賽季平均能夠破百分之七十就已經夠嚇人（張伯倫在一九七三年創下七成二七命中率，史上最高）。柯瑞唯一稱得上十拿九穩的只有罰球，他目前的生涯命中率是九成〇三（截至二〇一八年六月底），排在史上第三，其中更有四季個人罰球命中率領先全聯盟。

即便如此，只要柯瑞出手，球迷仍舊存有十拿九穩的印象，所以當球隊落後的時候，總是希望柯瑞能跳出來力挽狂瀾、扭轉劣勢、創造奇蹟。做為球隊領袖，他有這樣的責任，而身為聯盟第一射手，他必須背負這樣的期待。

然而，他還是會輸，有時，他還輸得很難看。

如果你輸了，你該知道柯瑞曾經出手十九次仍無力回天

那是二〇一六年六月十九日的總冠軍賽第七戰，勇士在主場出戰騎士。那一季，是勇士的七十三勝球季。一支球隊想打入季後賽需要多少勝？這個數字每一季都不一樣，但絕對用不著七十三勝。而一支打入季後賽的球隊想拿下總冠軍又要再拿多少勝？在二〇〇三年NBA季後賽全數採取七戰四勝制之後，這個數字就從此確定了：要打贏四輪季後賽奪下歐布萊恩金盃，你需要十六勝。

那年勇士早早就拿下第十五勝了。再一勝，就是總冠軍。再一勝，勇士就不會成為史上第一支把三比一的領先局面搞砸的悲情球隊。再一勝，勇士就能締造隊史首度二連霸，有機會在隔年就完成二〇〇三年湖人以來就不曾出現的三連霸，更有可能往上挑戰六〇年代塞爾提克之後就再也無人企及的四連霸紀錄。只要柯瑞能為勇士再拿一勝，一切就能成真。

賽前的數據也站在勇士這邊：不只是因為聯盟史上從來沒有一支球隊能夠克服一比三的

落後，逆轉封王；克里夫蘭也已經長達五十二年沒有拿下過職業運動冠軍，乾旱看來很有可能會繼續下去；更重要的是，那一年從例行賽到季後賽，勇士在主場只輸過兩次，即使稍早在西區決賽和雷霆打滿七場，勇士依舊不曾在主場吞下過二連敗，而且勇士全季從未三連敗。

一旦輸了，勇士的破紀錄球季就成了笑話，拿了史上最多的七十三勝，卻拿不下季後賽最需要的第十六勝。柯瑞不只要試著阻擋這個難堪的紀錄發生，更想要幫助球隊封王，為灣區的球迷開啟勇士的連霸王朝。

在這年六月的第十九個晚上，柯瑞出手了十九次，全隊最高，但依舊沒能擋住對手創造歷史，也沒能改變勇士輸球的結局。面對十拿九穩的比賽，被球迷視為十拿九穩的柯瑞，即使在拚盡全力之後也一樣得吞下輸球的結果。

球員的巔峰不是一輩子，一場決定封王與否的總冠軍戰想要重來，單靠一季或一隊的努力也不一定能夠成真。輸了這一場，那年勇士的主場紀錄就此終止，衛冕之路就此告終，連霸企圖就此破滅，就是因為如此沉重，所以才讓柯瑞拚盡全力。

怎麼看柯瑞這十九次的出手？如果這十九次的出手全是三分，全數命中，柯瑞將拿下五十七分，逆轉比賽綽綽有餘。但他最終只拿下十七分，效率還不如隊友格林出手十五次拿下三十二分。而這十九次的出手之中，有十四次都是三分球，但柯瑞只投進了其中四球，命中率不到三成，完全不是他平常的水準。那一季，他每場比賽平均出手十一記三分球，投進五球，命中率超過四成五。柯瑞在該季最後一場，也是最重要的一場比賽中，不只輸給了對手，也輸給了過去的自己。

如何面對輸的過程，比如何接受輸的結果更重要

人總免不了會輸，就像月亮陰晴圓缺，就像命運否極泰來，輸贏之間，一切就如輪迴。學會認輸，接受輸的結果，雖然不甘心，就算不得已，但唯有認輸，才能放下，才能設置停損點，積極圖謀，重新再起。就像這場比賽雖然輸了，只要柯瑞還能打，他永遠都能捲土重來，後來他也證明自己能在跌倒的地方再站起來，隔年勇士就打敗騎士重登王位，並在二〇一八年開啟連霸紀錄。

輸的結果是什麼？有些人會失去寶貴的資產，像賭徒輸掉了錢財甚至是性命；有些人會失去機會，像做生意的人在激烈的競爭中輸掉了在市場上成功的可能性；有些人則會失去累積已久的美好，像是花心的人輸掉了愛人的感情和信任，自私的人輸掉了朋友和世界；無論輸的結果是什麼，都得先認輸才能再起；無論輸掉什麼，都不能輸掉對自己的信心。

能接受輸的結果是一回事，但在輸的過程中該如何面對，又是另一門學問了。

眼見大勢已去的時候，人該不該垂死掙扎？該不該放手一搏地孤注一擲？出手十九次的柯瑞決定放手一搏，雖然他的孤注一擲只換來命運的莊家通殺，但當你輸了的那一刻，你一定要確定自己已經出盡全力去嘗試了。這世界上有很多人在勢頭不妙之際，就選擇留中不發或早早收手，除了保留實力，也是保住面子。因為這麼做，他們在輸了之後可以和自己或是別人說：「這次輸了又怎樣，反正我還沒出全力呢！」

確實，沒有人喜歡那種出盡了全力之後，卻依舊敗下陣來的無力感，那種逃無可逃、避無可避的感覺將會讓你被攤在陽光之下：「你的努力，只是證明了你真的不行而已。」比起輸的感覺，這種徹底的自我否定、被世界看破手腳的赤裸，才是最令人難堪的恐懼。

但柯瑞不一樣，即使面對輸的過程，他還是會努力到底。柯瑞大學時的總教練麥克基洛曾經形容他是一個不怕失敗的人：在比賽中，如果柯瑞第一球沒進，他會繼續投，投到第五球時還是沒進的話，他不會去管這前五次的結果，到了第六球，他還是會繼續投，因為他知道他接下來會連進五球。[1]這是他的自信，他不會輸掉對自己的信心。

截至二〇一八年六月底為止，柯瑞生涯平均一場比賽會出手十六次，而在輸掉封王第七戰的這一年，其實他每場比賽的平均出手次數高達二十次，是他前九年職涯之中最多的一年。柯瑞每一季出手次數的多寡，除了和當季的健康狀況有關之外，他在球隊的地位、場上配合的隊友陣容、總教練實行不同的戰術體系，都會影響他出手的頻率和欲望。那一年，柯瑞打得非常順，全季只因傷缺陣三場比賽，他在場上是絕對的領袖，那時杜蘭特還沒加盟，身邊的隊友也都已磨合多年，戰術也以他為核心運轉，這一切造就了柯瑞大量的出手。他出手的命中率突破五成，三分球命中率更超過四成五，超高的得分效率及贏球效應，最後不只讓他連莊MVP，也讓他首次拿下年度得分王。

在這輝煌華麗的一季，柯瑞卻在即將豐收的最後一場比賽輸球，但在面對輸的過程中，他仍是維持一貫的風格，以接近賽季平均的十九次出手來謝幕。英文之中用「嘗試」（attempt）這個字來表示「出手」的意思，所以球員每一次出手，都是一次嘗試，試著投進、試著得分、試著贏球。

如果「輸了之後還死不認輸」是你的招牌，記得拆掉。如果在輸的過程當中，早早認輸成了你的習慣，記得改掉。像柯瑞一樣，用每一次的積極嘗試，去面對輸的過程和結果，雖然不能保證你能贏回什麼，但若這麼做，最終，也許才有不同。

20

哭笑不得的20號球衣

柯瑞曾經穿過二十號，但那不是一種自願自發的嘗試，而是一種哭笑不得的自我解嘲。三十號是柯瑞父親的背號，也是他的認同、他的榮耀和他的目標。若是不能穿上這個號碼，他一定很想哭。而高中時的他之所以不能穿上這個號碼，原因則是讓他想哭也哭不出來。

這件二十號球衣，其實是一個象徵。代表他被人看輕的原因，代表他那總是被人質疑的過去，也代表他一貫證明他人看走眼的努力。而當你像柯瑞一樣，一直被人否定，總是被人質疑，經常被人看輕的話，你會很想哭。

這時的你，該怎麼辦？

如果你哭了，你該知道高中的柯瑞為何得穿二十號

若說柯瑞是和你一樣的一般人，你也許不肯信，還認為自己高攀了人家。但若說柯瑞也曾是個孩子，就像你一樣，曾經不會投籃也還沒長高，這一點就不容任何人否認了。

而今的柯瑞身材精實，一百九十一公分的身高不算太矮，八十六公斤的身量也不算太輕，但身處在ＮＢＡ球場上的肌肉叢林裡，柯瑞看起來就是小別人一號。在柯瑞剛進高中的時候，他卻是真的比別人都小一號，那時的他身高才一百七十公分，體重五十九公斤，不只矮，還很瘦。身材的劣勢，不只讓他在場上吃虧，也因為他太瘦了，而他想穿的背號三十號球衣只有XL的尺寸，他根本沒法穿，所以只好改穿稍為合身一點的二十號。這個故事是柯瑞親口說的，那時他回母校參加自己的高中球衣退休儀式，在致詞中提到了這段過去。[1]

因為你要的球衣沒有了，所以你只能從剩下的球衣之中去撿適合你的號碼。你想穿的號碼沒有你的尺寸，要怪就怪你自己長得不夠大隻。由這一點也可以看出夏洛特基督高中的校隊水準及程度，球隊無力供給球員量身訂做的球衣。這麼說並不是在貶低這支球隊或是柯瑞的能力，反而是點出了柯瑞一貫不變的生涯發展邏輯：無論是明星高中，大學名門或是職業強隊，在他們有機會招徠他入隊的時候，都沒注意到當時身材不起眼的柯瑞。

柯瑞的身體條件確實不是頂尖，即使長大了之後，許多球員能輕鬆做到的事情，柯瑞受

限於先天條件，做起來仍有困難。像是他剛在NBA竄紅的時候，許多媒體記者及專欄作家對他都還不熟悉，有一次《運動畫刊》在做「浪花兄弟」的專題報導，記者在採訪過程中無意間發現，當柯瑞聽從攝影師的指示擺出各種姿勢拍雜誌封面照的時候，他居然沒有辦法很輕鬆地用單手抓住球。柯瑞剛進聯盟那幾年時，名人堂球員威斯特還在勇士擔任顧問，他就曾說這孩子怎麼看都不像個NBA球員，反而像是個來上學的高中生。而讓他和一般人不一樣的，不只是他的身高和球技，還有他不斷努力的態度。

無論是在他剛進高中，或是在他要進大學的時候，柯瑞都一直努力讓自己變得更強，並沒有讓他當時的身高限制了他的發展。那時誰也不知道他究竟能不能長得更高，雖然他的腳很大，感覺起來有一舉抽高的潛力，但他確實比大多數的同齡小孩長得慢。

柯瑞的高中教練布朗就曾回想起當年的柯瑞，說他雖然身高長得慢，但球技進步得很快，[2]箇中原因在於柯瑞這一家人認真地把練球當作一回事在看待。如果球隊早上六點練球，第一個到的一定是柯瑞一家，而他們也是最後一個走的。不只如此，他們還把比賽的情況錄下來，帶回去研究，就像是教練為了研究對手而做的準備工作一樣，柯瑞會針對每一個小細節鉅細靡遺地去改進。

這樣的努力，也讓柯瑞每次回來都有進步。像是柯瑞的投籃，當時雖然已經有超齡的水準，射程也遠，但很明顯地力量不夠，在投籃時得從腰部往上把球給推出去，出手位置大概在胸部上方一點。出手位置低，加上身高也不夠，很容易吃鍋子。那個夏天，就在父親老柯瑞的嚴格調教之下，徹底改變了他的出手動作。

柯瑞回憶起當時改變出手姿勢的訓練，過去養成的習慣全部要砍掉重練，既艱辛又難受的重建過程，不只一度讓他失去投籃的自信，更曾讓他痛苦得大哭。

大哭之下，再加兩個口就能成「大器」

想成大器的人，該怎麼面對大哭這件事呢？其實光是從字形上就可以得到啟發。仔細觀察一下「哭」這個字，若是下面再加上兩個口就成「器」了。這麼說來，人要成器，難道是要用四個嘴巴去哭才行嗎？當然不是。《說文解字》中說「哭」這個字下方的「犬」是「獄」的簡寫，這麼說來，「哭」就像是個小監獄，用負面的情緒把你給關在裡面。無論你接不接受這個詮釋，都別把自己關在哭的小小情緒監獄裡。[3] 眾人的悠悠之口總是會影響你的心情，當有兩個人兩張嘴巴說你不好、讓你大哭的時候，你得撐住不要放棄；等到了壓力加倍，變成有四個人四張嘴圍著你一起指責你不好，若你仍然能夠不哭，只是繼續努力的話，那你當然就有機會能成大器。人說「橫眉冷對千夫指」，正是這樣的境界。

剛進高中時的柯瑞，已經聽過太多別人說他不行的話，也因此懷疑自己能不能打校隊，雖然夏洛特基督高中並不是什麼頂尖高中，但他還是有點害怕。他說他很後悔自己當時沒有直接去參加正式校隊的試訓（tryout），而是先去打第二隊。一般美國高中籃球校隊（varsity）都有低一階的預備隊（junior varsity，簡稱JV），無論稱之為二軍還是青年隊，都是以球員的球技為考量組成，年級的高低並非絕對關鍵。如果你夠強，一進高中（九年級，美國學制為高中四年）也能打正式校隊。

柯瑞回憶說，那時正式校隊是在樓上的體育館試訓，而第二隊則是在樓下，但柯瑞沒有信心上樓去挑戰，身材瘦小的他決定走進樓下的體育館。當他回想起這段過去，他說就是這一點教會了他，什麼事就是要去試了再說，不要去管別人怎麼說你：無論說你太瘦，說你太矮，還是說你不行，都不要讓這些不相信你的人擋在你的前面。[4]

柯瑞高中球衣的故事，聽來確實讓人哭笑不得，因為想穿的球衣太大件，所以只好選別的背號來穿。而從當時的照片看來，即使穿上小一點的二十號，這件球衣在柯瑞身上看起來還是很大件。他的故事若用「人小志氣高」這種形容詞來激勵其他人，恐怕沒了味道也失了效，但柯瑞的小身體裡關不住他的大靈魂確是事實。

那年夏天在接受父親的嚴格訓練之後，大哭過的柯瑞終於找到最棒的出手姿勢，也開啟了自己新的籃球之路。他彷彿找到了個空檔，就在爸爸的光環和陰影之間，找到自己舒適的空間。[5]柯瑞大學時的教練麥克基洛就認為他不只能預見場上比賽的下一步發展，也能看見自己該要晉升到的下一個高度。但回頭去看他當年對自己的懷疑，仍不禁讓人會心地一笑。

笑一下吧，只要長大了，一切的懷疑和情緒就會過去的。只不過，人要長大，不是身高要長，心態也要跟著成長才行。

4th Quarter

第四節：決定勝敗的造雨人

比賽的末節總是最破碎的，因為勝負在即，雙方總教練會視戰況發展不斷地喊出暫停，也許一個攻防之後，也許在兩次罰球之間，比賽都因為暫停而被打斷。無論總教練是想死馬當活馬醫，還是想要打斷對手的節奏，總之諸多常見的戰術都會在此時紛紛出籠，像是故意犯規凍結時間，或是放慢速度消耗時間，在在都讓第四節被拆解得極為零碎，也拖得比其他三節來得漫長。

此時的勇士可能在比分上大幅領先，也可能還在後面苦苦追趕，也可能激烈地膠著拉鋸。如果是早早確定勝負的大比分差，比賽已失去懸念，不只難以抓住觀眾，連球員自己的專注力都會抓不住。但若是寸土寸金的分秒必爭，雙方每一個攻防可能就是勝負之機。你若是球員，這時的你該怎麼做？

領先、落後和膠著，這三種狀況完全不同，若想成為像柯瑞那樣決定賽局勝敗的造雨人，你該用什麼心態和策略去面對？接下來三章將分析這三種不同的第四節戰況，透過史上三位經典名將的表現，來呈現柯瑞之所以能成為第四節造雨人的原因。

21
不管三七21

「不管三七二十一」，這句話乍聽之下急躁輕率，熱血衝動又不理智，然而在球隊遙遙領先的情況下，這句話卻有更深一層的策略意涵。

當球隊帶著雙位數的比分優勢進入第四節的最後十二分鐘，表面上看似穩操勝券，其實底下暗潮洶湧，因為此時對手尚未完全絕望，必然積極地使出各種追分手段來扭轉局勢。無論是全場壓迫、包夾防守、故意犯規或是言語挑釁，對手就是想盡辦法要擾亂你的攻守節奏，好趁隙反撲。若是你能不管三七二十一，保持穩定，即使大幅領先，你也不會驕矜自喜，即使對手招招進逼，你也不會自亂陣腳，無論外界如何風火侵掠，你自不動如山，那你就能一步一步走向勝利。

戰力強大的勇士，經常在打完第三節之後就取得驚人的領先，這麼一來，在進入第四節之後該怎麼保持穩定，才能持續維持領先優勢，不讓對手演出大逆轉，就成了最終取勝的關鍵。

如果你正大幅領先，你該知道柯瑞有著二十一號的穩定性

現在的你打得正順，在第四節大幅領先對手，這時的你，該怎麼做？你當然知道「生於憂患，死於安樂」的道理，只不過在手握領先之際，究竟是該調整進攻節奏，打得保守以穩住勝果？還是打蛇隨棍上，毫不手軟地繼續積極搶攻，打到對方抬不起頭來？

若是放慢節奏，也許就會破壞了原本流暢的攻勢，進攻從此停滯。如果繼續強攻，球場上總有潛規則，球員一時興起做出炫技的動作或花稍的灌籃，都會被視為不尊重對手，甚至引發衝突。

對領先的球隊來說，比起落後或是拉鋸的戰況，遙遙領先的第四節應該是最好打的局面。此時總教練的調度空間大，容錯的幅度夠寬，球員表現的機會也多。唯一需要擔心的問題，就是搞砸了領先的優勢，最終還被對手逆轉。這種意外吞敗的恥辱感，更令人難以忍受。

為什麼會搞丟了領先？在第四節比賽中最常見的原因，就是全隊攻守心態的鬆懈，以為這場比賽贏定了，所以專注力就跑掉了。接著又隨著對手的節奏起舞，面對各種奇襲手段時失去了冷靜，結果讓對手在第四節的前三分鐘打出了背水一戰的氣勢。一旦讓他們看到了反攻的希望，接下來還有九分鐘的時間可以追分，勝負就難以預料了。

另外，還有一種很微妙的「心理懸崖」：領先的球隊在前面三節怎麼打都好順，再高難度的出手也能命中，裁判的哨音也好像總站在自己這一邊，在主場球迷的加油鼓譟之下，球員們心裡一方面會覺得不可思議的暢快，一方面又忍不住地擔心這種好運什麼時候會突然結束，就像前面有個看不見的懸崖一樣，打得戰戰兢兢。一旦真的開始投不進了，就坐實了這種恐懼，全隊的運勢就像是掉下懸崖一樣全速墜落，比賽也從此翻轉。

對於領先的球隊來說，要想對抗鬆懈心態和心理懸崖，最好的策略就是不管三七二十一，打出自己的穩定性。而說到穩定性，就讓人想到馬刺的二十一號「石佛」鄧肯。他在馬刺一待十九季，除了湖人布萊恩之外史上無人能出其右，但他先發場次卻遠超過因傷有所起伏的布萊恩，生涯命中率更從未低過四成八。對馬刺來說，只要鄧肯在場上，他的角色不是強心針，而是全隊的定心丸。

「石佛」這個外號，除了形容他的外型之外，更點出了鄧肯在比賽中總是面無表情，波瀾不驚的穩定。美國球迷叫他「基礎大王」（The Big Fundamental），講的正是他扎實的攻守基本功，讓他在比賽中能夠為球隊輸出穩定的攻守能量。若要形容鄧肯的穩定性，其境界很像金庸《倚天屠龍記》裡「九陽真經」的內功心訣：「他強由他強，清風拂山崗；他橫任他橫，明月照大江。」無論對手如何反撲，只要沉穩冷靜，回歸基本面就足以面對。

勇士總教練柯爾曾說，柯瑞就是小一號的鄧肯。[1] 乍聽之下，可能很難做出這樣的聯想，畢竟柯瑞是主攻外線的三分射手，和鄧肯的長人球風完全不同。但柯爾的演繹角度在於柯瑞對於求勝的純粹意志，無論身邊發生多少事情，身上有多少代言活動，他都沒有分心，始終專注在基本面，努力求勝。柯瑞對於勇士的意義，正如鄧肯之於馬刺。

柯爾曾和鄧肯當過四年隊友，一起拿過兩次冠軍，他的觀察自有他的道理。做為ＮＢＡ史上最強的二十一號，鄧肯在馬刺的重要性遠勝其他人，但又讓其他人的重要性得以相互平衡。馬刺奪下五座總冠軍，每一座都與他有關。他的穩定性，展現在他的個性和打法上，不僅極其謙虛低調，在小市場的黑色馬刺軍團裡更是隱身地徹底。只有住在德州的人，才會經常看到他在當地超市H.E.B.的廣告中與隊友一同搞笑，不然在場上，你只看得到鄧肯的一號表情。

細看柯瑞在第四節球隊大幅領先時的打法，其實和鄧肯追求基本面的心法極其相似，但其中又有柯瑞自己的風格。比數領先時，柯瑞也會和隊友一同享受比賽，帶動全場觀眾一同慶祝之際，他會打出自己的激情，盡情綻放。這一點，在鄧肯身上是永遠看不到的。無論何時，鄧肯就是一副入定的撲克臉，哀矜勿喜，冷冷地凝視比賽。

即使風格不同，但在勇士第四節浪擲雙位數的領先，差一點翻船時，柯瑞的穩定性仍是勇士贏球的關鍵。二〇一八年一月十三日做客多倫多，勇士在第四節開打時不只得分破百，而且還領先暴龍將近二十分。[2]然而暴龍趁著柯瑞等先發球員不在場上，一路進逼，等到柯瑞被調回到場上時已擋不住暴龍這股氣勢。當對手以三分球逼到一分差時，雖然柯瑞也隨即以三分球回敬，但接下來在倒數讀秒時，九成罰球命中率的柯瑞居然出人意料地兩罰不進。

發生了什麼事？原來這是柯瑞休戰兩場之後重新上場的第一場球，他在上個月也曾因傷缺賽了十一場比賽，此戰是帶著緊繃的右踝上場打球。而當他在上籃時被對手犯規，右手肘重重摔在地上，也影響了他接下來的手感而兩罰失手。但等到比賽剩下兩秒，柯瑞再度站上罰球線時，他的穩定性還是發揮了作用，不僅穩穩地罰進，確保了些微的領先，也讓球隊贏下了比賽。

再穩定，柯瑞也還是會出錯，但不管之前的傷勢如何，不管幾十秒前才兩罰落空，不管對手追得多緊，不管三七二十一，柯瑞就是能在緊要關頭發揮如同馬刺二十一號的穩定性。

早早習慣領先，也要提早準備領先的好習慣

鄧肯可以說很早就成為人生勝利組，他才進入聯盟第三年就幫助球隊拿下總冠軍。但回頭去看他的生涯發展，其實他每一步都走得堅實，才能讓他之後的十年生涯又多拿四座冠軍。出生在維京群島的鄧肯本來是一個游泳選手，在一九八九年的五級颶風摧毀了島上唯一一座奧運標準尺寸的游泳池之後，當時十三歲的鄧肯無法冒著被鯊魚攻擊的風險在大海中練習，才決定放棄游泳而改打籃球。

因為從小游泳，所以為鄧肯打下了深厚的體能基礎；而他堅持遵照母親的遺願取得大學學位才轉入職業，也讓他的球技及個性更加成熟；與馬刺傳奇中鋒羅賓森合組雙塔，更讓他從中累積內線進攻的實力；在羅賓森退休之後，他才能與吉諾布里及帕克共組ＧＤＰ核心，展現內外兼修的多元打法，為馬刺拿下更多金盃。

雖然柯瑞並不像鄧肯那樣，很早就登上生涯頂峰，反而是一再被低估，不斷地要證明自己才能繼續前進。但自從他在勇士打出浪花般的華麗表現之後，他也已開始習慣在比賽中早早取得領先的感覺。

這兩人很早就習慣領先，也因此很早就養成領先的好習慣，這樣的習慣讓他們能持續保持領先的優勢。當你少年得志之際，仍需記得這是一個沒有終止的競爭，即使生涯走到最後

的第四節，依舊要注意任何翻盤的風險，才能穩穩地收下勝利，正如鄧肯在馬刺始終如一的十九季。

當你很快地取得成功，也要記得不去揮霍你的優勢，不要低估對手，不要忽略接下來每一個小錯誤會帶來的風險，也不要糾結著這些錯誤而犯下更嚴重的失誤。就像柯瑞前兩罰落空，也不會影響後兩罰的出手一樣。

不管三七二十一，回歸穩定的基本面就是最好的領先習慣。

22

22分的落後

眼看著時間一點一點地流逝，但手上還有做不完的事情時，這種感覺，就和第四節球隊落後二十二分一樣無奈。球員看著記分板上的比分差，一方面覺得非把握時間追上去不可，一方面又覺得落後這麼多，想追太難。更糟的是，時間和士氣根本不站在自己這一邊。

一個沒有辦法追回落後的第四節，轉眼就會變成一場敗績。追不回來的第四節愈多，就會累積更多的敗績，很快地，球隊就會在分區落後給對手，這時就不是一分一分地追，而是得一場一場地追，如果這個惡性循環不打住，轉眼間又是一個令人失望的球季。人生也是一樣，無論工作或學業，一旦追不上進度，久而久之，就會陷入落後的劣勢。

二十二分的落後是個魔術數字，此時如果能夠投進一記三分球，雖然仍是雙位數的差距，但落後十九分聽起來卻好像比二十二分近了許多。這就好像「四九九吃到飽」感覺起來硬是比五百元來得便宜很多，這種心理上的錯覺，讓落後的一方有了追上去的動力。許多時候，克服落後都要靠心理的力量。

二〇一五年有個數據能說明柯瑞及勇士打逆轉勝的能耐有多驚人，過去兩年中，他們一共在三十一場比賽中落後到達兩位數，但他們最終卻能拿下其中十八場比賽的勝利，勝率將近六成，而其他所有NBA球隊總計只有二成的機會能夠逆轉。[1] 是什麼造就了勇士的逆轉勝率？柯瑞克服落後的心法，對想要逆轉人生的你又有什麼幫助？

如果你正一路落後，你該知道柯瑞有著二十二號的韌性

這個有韌性的二十二號是誰？他是休士頓火箭在一九九五年二月從波特蘭拓荒者交易過來的名將崔斯勒。綽號「滑翔機」的他，是火箭當家中鋒歐拉朱旺在休士頓大學的學長，也是聯盟的無冕王，在離開拓荒者時更是隊史多項重要數據的第一人。那年的火箭才在前一年拿下總冠軍，但在尋找衛冕的那一季，卻是一路落後，不被看好。即使在季中交易大限前找來崔斯勒重現之前休士頓大學的黃金組合，依舊沒有拉抬出多大的聲勢。

為什麼一支衛冕軍會被看輕？除了火箭在該年例行賽戰績不夠出色之外，前一年火箭拿

下總冠軍時，也有人認為那是因為喬丹退休沒打，所以火箭才能趁虛登頂，其冠軍純度存疑。等到喬丹在一九九五年三月復出，眾人更覺得當年總冠軍將會是公牛的囊中物。而崔斯勒的老東家拓荒者隊史只打進過三次總冠軍賽，其中兩次是由崔斯勒率隊攻頂，最近的一次就是被喬丹公牛給擋了下來。

講到崔斯勒、歐拉朱旺和喬丹，這三人之間也有著相互牽動的命運。一九八三年以第十四順位進入NBA的崔斯勒，正是隔年選秀會上拓荒者跳過喬丹的原因。當年拓荒者和火箭都有資格獲得狀元籤，但拓荒者因為擲硬幣輸給了火箭，所以錯失了歐拉朱旺。在球團一心追求隊型所需的中鋒球員之下，最終捨棄喬丹，改挑兩百一十六公分的布依，畢竟他們前一年已經選了名人堂等級的得分後衛崔斯勒，何必再去追求另一個未知的潛力後衛。只是沒想到，後來這個未知的喬丹拿下六冠，拓荒者則是一冠難求，布依更是大小傷勢不斷，最後黯然退休。有時命運的差距，只有一枚硬幣之隔。

現下這三人可能會再度在一九九五年總冠軍戰碰頭，喬丹還是被認為贏面最大。結果有了崔斯勒之後，這一年的火箭成為史上最會打季後賽逆轉秀的球隊之一。他們當年只拿下第六種子，但是在季後賽中卻一路以下剋上，淘汰了四支例行賽至少拿下五十四勝的頂尖球隊。而且過程當中，火箭總是在系列賽中落後，經常被逼到牆角，就在眾人覺得火箭的季後賽驚奇和衛冕之路就要告終之際，他們就是有辦法在崔斯勒和歐拉朱旺的合作之下逆勢擊敗對手。

當年火箭總教練湯加諾維奇曾說，絕對不要低估一支冠軍隊的求勝之心，而這正是衛冕軍的韌性。

最終，熬過前面辛苦的落後，崔斯勒不僅協助火箭打進總冠軍戰，更一舉以四比〇完成二連霸。賽前火箭照樣被大多數專家一面倒地瞧不起，因為他們的對手是擁有俠客・歐尼爾及一分錢哈達威等超級新星組成的奧蘭多魔術，不但被視為聯盟未來的看板球隊，也是全國球迷的新寵，結果火箭就以黑馬之姿爆冷清盤對手。至於喬丹，他連東區冠軍賽的門票都沒拿到，因為公牛在第二輪就輸給了魔術。

正是這樣的黑馬扣人心弦，正是這樣的瞧不起讓人奮起。

NBA歷史上有許多韌性極強的球星擅長打逆轉球，而講到柯瑞會特別想起火箭時期的崔斯勒，正是因為勇士才在二〇一八年西區決賽對火箭陷入落後。同樣身為衛冕軍，勇士的聲勢卻開始落居下風，甚至陷入二比三的劣勢，但靠著柯瑞等四星核心及角色球員的共同發揮，後來居上地淘汰了對手。

二〇一八年五月十六日西區決賽第二戰，勇士在客場對上那年全聯盟戰績第一的火箭，在哈登及保羅的聯手發揮之下，一路被壓著打的勇士最終以二十二分之差敗陣。雖然第三戰柯瑞大反撲，在第三節拉起個人三分海嘯讓勇士以四十一分贏球，但同樣的表現卻無法讓勇士在第四戰延續主場十六連勝的紀錄，接著第五戰球隊又在最後關頭發生失誤而輸球。

面對兩場不能再輸的比賽，柯瑞的表現重新帶起了這支衛冕軍不可忽視的求勝之心，最終跨過落後，硬是連勝兩場打入總冠軍戰，並達成隊史首度二連霸。不可否認，當時勇士之所以能逆轉火箭，對手失去主控保羅絕對是關鍵因素之一，但在這些因素之外，柯瑞展現的韌性一直都是勇士落後時最需要的力量。

像是二〇一七年五月十四日的西區冠軍戰，首戰勇士克服了二十五分的落後，靠著柯瑞和杜蘭特合作拿下七十四分，以二分之差打敗馬刺。對手主將雷納德在第三節意外受傷退場雖然影響很大，但拿下全隊最高七記三分球的柯瑞依舊是勇士逆轉的能量來源。

再往前一些，當柯瑞和杜蘭特還是敵手的時候，勇士在二〇一六年西區冠軍賽曾以一比三落後給雷霆，帶傷出賽的柯瑞在第五戰終了前切入得手之後，大喊：「我們還沒放棄！」那年的系列賽，如果沒有隊友湯普森的神奇演出，勇士同樣無法晉級，但柯瑞不放棄的韌性依舊是勇士追趕落後的基石。

這說明了一件事：只要能做好自己，就有機會再起。

逆轉心法：如何面對比賽及人生的落後

落後，是無助的。你會驚慌，你會感到無力反抗，甚至覺得沮喪羞慚，只想早早結束，從頭再來。如果落後的是比賽，還可以一再重來。反正總有打不完的新比賽，總有第二次機會可以討回來。但如果落後的是人生，即使想要重新開始，歸零的過程卻不容易。你已經有太多牽掛和包袱，你放不掉，捨不得，更輸不起，可偏偏你落後了，該怎麼辦？

有些時候，人生中的落後是你自己一個人造成的。當你人生的進度落後，就和比賽分數落後一樣，當你想趕上的時候，其他人也不會閒著，而時間更是分秒不停地在走。常常在追得很辛苦的時候，還會有各種讓你無法專心的旁騖來找碴。突然一個電話打來要接，接著又有人叫你幫忙，然後又有緊急狀況發生，讓你應接不暇。有時重要的東西並不緊急，有時緊急的東西並不重要，只是你沒時間分辨清楚而已。若在球場上，你還可以喊個暫停想一想，現實生活中卻沒有這種讓時間等人的特權。

有些時候，落後的原因和責任不完全在你身上。在工作上，你要和自己所屬的團隊及協力的廠商合作，在生活中，你要遷就自己的家庭和伴侶，當你的進度要和其他人配合的時候，會讓你很難獨力扭轉落後的局面。這也和籃球比賽一樣，除了要扮演好自己的角色之外，也得讓隊友和你一起努力才行。

即使是柯瑞，也無法每一次都能克服大比分的落後，真正重要的是看他如何面對落後。

你需要柯瑞那樣的韌性，才能耐得住落後的無助。你該做好每個細節，想清楚重要和緊急的分別，然後一步一步地趕上。這時人生就和比賽一樣，有了正確的心態，才有機會扳平或是逆轉。

柯瑞不只會在比賽中落後，也曾在人生中落後。過去的他，在每一個階段的發展都曾因為身材、球技、傷勢和運勢而拖慢了他的腳步，也讓他的薪水一路被壓縮。但柯瑞的韌性讓他一再打出驚人的表現，最終也讓他追上了落後的進度。到了二〇二二年，柯瑞的年薪將高達四千五百萬美金，對比之前不到一千萬的薪資，可以說是成功逆轉了人生。

人生和比賽還有一個地方不一樣，就是沒有一個計時器盯著你，你永遠可以設定自己的進攻時間，不一定只有二十四秒。人生確實有限，想做的事可能也有期限，結束了不能重來，錯過了無法彌補，但若能發揮韌性，就能善用策略和時間把差距填補起來。小到一個學習計畫或專案工作，大到整個人生進程，無論你的落後得花幾小時還是幾年去追上，若能拿定自己的心態，展現出自己的韌性，就有機會逆轉一切。

23

23號的典型

二〇一八到一九年球季開始之後，像勇士這樣擁有柯瑞、杜蘭特、湯普森、格林及卡珍斯五星匯聚的超級球隊，第四節最受歡迎的贏球劇本通常有三：一是以華麗的浪花進攻取得壓倒性大勝，二是反敗為勝的驚天逆轉，三是與對手不斷互換領先，直到最後一刻才絕殺勝出。

在這三種劇情中，有別於大幅領先的暢快，和絕地逆轉的驚喜，你來我往的勢均力敵，更能激起觀眾緊張的情緒。球賽的競爭本質是雙雄對決，唯有未知勝負的懸念才是球迷進場的動力。在對抗過程中，雙方不斷追平比數，彼此拉鋸的短兵相接，不到最後一秒不能分出高下的激鬥，正是第四節最具張力的劇本。

但在雙方戰況陷入膠著之際，什麼才是最後勝出的決定因素？是柯瑞自己、對手，還是隊友？

如果你正陷入膠著，你該知道柯瑞有著二十三號的任性

除了那個人，誰穿過二十三號？在那個人之後，誰敢穿二十三號？又為何穿上二十三號？[1]

在NBA，二十三號一直是難以跨越和複製的絕對高度，它代表了「飛人」邁可・喬丹和一整個世代的美好記憶，它也引領許多後來無數球員穿上同一個號碼，扛起此一球隊王牌的象徵。[2]有意思的是，被邁阿密熱火隊退休的四個號碼中也有二十三號，雖然喬丹從來沒為熱火隊出賽，但卻是熱火總裁萊里在執教紐約尼克及熱火時最難纏的對手，為了向喬丹致敬，於是萊里在二〇〇三年決定永久退休這個號碼。

現役最具代表性的二十三號，當然非湖人的詹姆斯莫屬，他不只是眾家媒體及許多球員心目中當世最強的籃球員，也一直被視為喬丹的接班人，更不斷地打出屬於自己的高度，這也讓另一位新世代鵜鶘球星安東尼・戴維斯為了詹姆斯而選擇這個號碼。[3]

而勇士的格林則完全不是走這條路子，他穿上二十三號不是為了喬丹，更不是為了詹姆斯，而是因為他的同鄉學長傑森・理察森。理察森是和格林一樣是來自密西根州大的球員，也曾打過勇士隊。格林在高中時是穿三十二號，但這個號碼已被密西根州大退休，所以他從大學開始改穿理察森的二十三號。[4]而在勇士和騎士連續四次爭霸的過程中，格林和詹姆斯之間同為二十三號的對決，無論是用球技比拚、言語交鋒，或用肢體衝撞，在場內或場外都已經升級為一等一的焦點。為了嗆格林，詹姆斯還曾在身上穿了一件T恤昭告天下說：「我的二十三號比你的大！」[5]而兩人在社群網站上的交火和封王遊行的互別苗頭，也是聯盟不間斷的話題。[6]事實上，這兩個球員都有大三元製造機的本事，而他們鋒衛全能的打法，也同樣改寫籃球戰術為球員位置設下的限制。[7]

這三位二十三號中，喬丹是全世界的籃球標竿，詹姆斯是聯盟現役公認的第一人，格林則是勇士陣中獨一無二的情緒大砲手。而這三位二十三號都有一個共通的特色，就是他們的任性。而正是任性的他們，才能夠幫助所屬球隊屢屢在拉鋸糾纏的戰局中拉出勝機。

任性的自己、對手、隊友

取得領先時，球員需要穩定性；處於落後時，球員需要韌性；而陷入膠著時，為何球員需要任性？

大幅領先的第四節，到後來可能會早早進入垃圾時間，而後來居上的第四節逆轉，隱含的一個大前提是原本領先的一方開始失準，才給了落後一方可趁之機來翻盤。唯有第三種不斷追平爭先的第四節，才是最高水準的競爭：對戰雙方互不相讓，團隊都能打出最佳狀況，專注力毫無放鬆的一刻，最後的勝負更只有毫釐之差。在極度高張的壓力下，雙方不是在比誰犯的錯少，而是在比哪一邊能把戰力發揮到極致。

面對高壓，球員自己要有視其為無物的任性，甚至放肆地去享受壓力。你需要任性而為，隨心所欲地去發揮。一旦你想得太多，如履薄冰的戰戰兢兢，那就是自縛手腳，打來再不自在。

除了你自己能解放自己之外，還能靠對手逼出更好的你。當對手和你同樣發揮到淋漓盡致的時候，你可能會在前一波進攻中被他逼到牆角，這會讓你更想還擊。這時你和對手之間就像在用球技對話，也像是爵士樂中的雙人即興，因為另一名樂手任意揮灑的奔放演出，才啟發你更為不可思議的靈感。

而在自己和對手之外，還有隊友的化學作用存在。在第四節一路拉鋸的過程中，比賽雙方若只靠單一球星唱獨角戲，或是純以單打模式對轟，那必然要有關鍵的第三個人跳出來，協助球隊打破均勢才行。隊友必須任性而為，打出他們的功能性，無論是奇兵突襲，還是兇狠防守，有時不僅要惹毛對手，更要激勵隊上主將爆氣，這些都要隊友在場上發揮作用才行。

對柯瑞來說，詹姆斯及格林就是激出他任性一面的對手和隊友。

做為一個總是被媒體視為乖乖牌的球員，柯瑞經常會打得過於保守，所以他更需要在戰況緊繃時釋放自己的任性，才能火力全開，宰制全場。他之所以被人稱為「娃娃臉殺手」，就是因為場上的他有著雙面性格：一開始冷靜自持，但每當他能忘我地展現自己，就會在送出「上帝之心」之外，再加碼做出更誇張的得分慶祝動作，像是順著投球節奏而抖起肩，隨之而起的小步舞曲，甚至對著全場為自己的表現大吼，那時的柯瑞就是任性的柯瑞，他任性而為，心之所至，徹底地展現自己的全部。

在某些球迷心中，柯瑞也許永遠也到達不了喬丹的高度，尤其在喬丹被神化了之後，任何現役球員想要企及此一飛人標竿都顯得徒勞。但不可否認的是，柯瑞有能力展現像過去喬丹在關鍵拉鋸時那種洒脫的自信。柯瑞需要飛人般的任性，才能享受拉鋸的刺激，然後在最後領跑，一槌定音。

在柯瑞的年代，他面對的生涯對手就是詹姆斯。在詹姆斯轉到西區湖人之後，更開始在加州掀起內戰狂潮。詹姆斯同樣有著屬於二十三號的過人天賦和任性，他和柯瑞兩人的競爭，不僅是兩大王朝的殘酷對決，也是勢均力敵的抗衡，就像過去喬丹領軍對上活塞或爵士，也像是二〇一〇年代的魔術對大鳥。正如前輩一般，柯瑞也需要對手的任性，才能逼出更強的潛能，然後在對抗中勝出。

除了自己和對手，柯瑞還有個二十三號隊友在側，格林個性鮮明，有話直說，天不怕地不怕的熱力四射，更是完全不一樣的任性典型。在居於劣勢時，由格林打起火花，在一舉追平時，由格林加油添柴，在成功超前時，由格林呼喝揚威。柯瑞需要隊友的任性，才能補足力有未逮之處，然後一同迎接勝利。

在人生當中也是如此，當你陷入僵局、停滯不前，或是甩擺不開各種糾纏時，你自己需要任性地不顧一切，放手一搏。而當你在工作上遇到強力的競爭對手時，試著正視及承認自己的好勝心，不要去期待對方失敗，反而希望他能變得更好，讓你更想要超越他。當你發現自己進步有限，快要守不住好不容易取得的領先和成就，或是快要被人追趕過去之時，也可以試著用同儕的力量來幫助自己。那個人可以是和你領域相同的戰友，能與你相互合作；也可以是完全無關的局外人，能給你情緒上的支持。

自己，對手和隊友，這三者之中，雖然其他兩者扮演的角色極為重要，但畢竟是可遇而不可求的配合，唯有自己是你能夠控制在手中的關鍵。若能展現自己任性的一面，做回自己最真的樣子，突破現況的力量就有機會爆發。

Time Out

最後的暫停：如何下判斷

裁判哨音響起，場邊的總教練柯爾用掉了這場比賽勇士的最後一個暫停。無論場上面對的局勢是領先、平手還是落後，剩下的時間是十秒、一秒還是〇·三秒，此時總教練心中必須要有應對之道。在柯瑞及其他勇士球員重新走上球場開始比賽之前，總教練也必須讓球員明白他的判斷和決定。

距離成功只有一步之遙，在這最後的暫停中，球隊的指揮官究竟該怎麼下判斷才好？

其實，所謂的「暫停」不只出現在比賽當中，也出現在每一個重要的決定之前。在球場上的暫停是由總教練下判斷，決定場上的陣容和戰術；在球季結束後的暫停是由總經理下判斷，決定球員的去留和佈局；在球隊轉型前的暫停則是由老闆下判斷，決定球團人事的異動和經營策略。怎麼評估、如何選擇、做何打算，這一切都得在暫停時做出判斷。勇士的總教練、總經理和老闆是怎麼讓球隊獲得成功？關鍵就在於他們在暫停時的思路和決定。

接下來三章，就來看看勇士在球場內外最重要的三位指揮官，是如何在暫停時做出正確的判斷。

24

隱藏版的24號

勇士隊史最出名的二十四號，毫無疑問是在一九七五年助隊奪冠的名將瑞克・貝瑞，他的二十四號球衣被勇士退休，和其他五位球星一同被高掛在勇士歷年冠軍錦旗的兩旁。但貝瑞並不是這一章的主角，這裡要講的二十四號，他從來不曾穿著球衣出現在勇士的任何一場比賽之中，然而，當今球場上的每一個讓球隊獲勝的勇士球員都和他有關。

當他還穿著二十四號球衣的時候，他就已經是一個將臉埋藏在致勝功臣身後的球員，那年他登上了《運動畫刊》的特別號封面，但卻沒人認得出他是誰。一支曾經七連霸的大學名門球隊，中間沉寂了二十年未曾奪冠，但在他加入之後，球隊重新在一九九五年登頂。他在場上的貢獻，從數據上看來只有〇・三分，是的，他平均一場比賽得不到一分。這樣的人，居然成了勇士相隔四十年之後再度奪冠的推手。

這人是勇士的總經理鮑伯．邁爾斯。在灣區及全美籃球界，邁爾斯像是一個隱身的存在，他為人並不低調，但也不廣為人知。聰明的他像是取得了一個平衡，既不會功高震主，也不會無足輕重，這是一個高階經理人最需要的餘裕：讓他能專心做事，發揮所長，而不必分神擔心自己的去留。邁爾斯的職涯特色就是影武者，隱藏於主角身後，若不是勇士紅遍全球，加上他兩度獲選年度最佳總經理，邁爾斯還會繼續隱身下去。

一開始很難想像邁爾斯會是這樣成熟出色的總經理，畢竟在接下這個位置的時候，他才三十七歲，雖然一直在籃球界打滾，充其量也只是個做了十四年球員經紀人的大菜鳥，並沒有NBA球隊總經理或是任何球隊經營的相關資歷。為何勇士會選擇他？當他決定放棄穩定的經紀工作，投入另一個未知而高風險的就業市場之前，他又是如何做出正確的判斷？

如果你正在面試新工作，你該知道勇士為何要選二十四號

找人生的第一份工作和找另一份新工作的挑戰不太一樣。當你是職場新人時，你就像是一張白紙，那是弱點也是優勢，因為你在主管眼中充滿無限的可塑性。當你工作了一段時間，甚至已經在某一行做出成績，若是想要跳到另一個產業，你過去的經驗是加分更是包

袱，因為新雇主對你已經有了先入為主的刻板印象。他會認為你可能不適合這份新工作，覺得你之前的經驗沒什麼用，甚至還會帶著疑問的眼光思忖著：做得好好的，為什麼你要離開？一旦還有相關經驗更豐富的人在搶這份工作，新雇主更會想：比起其他那些老手，我幹嘛選你？

邁爾斯找工作時的情況就是這樣，他職涯的第一份正式工作是從大學球員變成經紀人，在總教練的牽線下，過程十分順遂，一路做到了經紀公司的合伙人；但當他想要轉換跑道去當球隊總經理時，情況就不一樣了。若以其他行業的工作來舉例，就好像是一個廣告代理商的業務總監，一下子要跳去客戶端當行銷主管一樣，雖然工作性質類似，但權力變大，責任更重，角色也變得更複雜。過去是邁爾斯要代表球員去和各家球隊總經理談判斡旋，一旦角色翻轉，他將成為各家經紀人的標靶。當別人想方設法要從他身上榨出最大的利益時，邁爾斯的整個思路和人際關係都將和當經紀人時完全不同，他要怎麼證明自己過去的經驗能幫助他勝任新職，並說服勇士新老闆雷卡布自己才是最適合的人選呢？

關鍵就在於找到自己的特色，才有說服的著力點。邁爾斯是球員出身，身高雖然超過兩百公分，但球技完全談不上頂尖。當他進入大學籃球名門加州大學洛杉磯分校（UCLA）時，還是在助理教練的引介之下才有機會隨隊練球。邁爾斯一直都是輔助主力球員的角色，在練球時擔任防守的靶子球員讓隊友練進攻，在比賽時當場邊的啦啦隊，有意思的是，看似可有可無的他總是能發揮作用。

ＵＣＬＡ在前傳奇教頭約翰．伍登的帶領下，曾連拿七屆全國冠軍，但在一九七五年伍登教練率隊拿下第十座冠軍退休之後，ＵＣＬＡ就陷入長達二十年黑暗期，一直到邁爾斯加入才重返榮耀。但邁爾斯並不是那年球隊奪冠的功臣，他之所以會登上《運動畫刊》封面也只是湊巧而已。比賽終了的那一刻，坐在板凳席上的他興奮地衝進場，將打下致勝一擊的隊友高高舉起。還穿著熱身外套的他，把臉深深地埋在隊友身後，就這麼被記者拍了下來，還被選為封面照片。若是不說，根本沒人知道那是誰。而以他當時的知名度來看，就算說了也沒人在意他是誰。這張照片就像是他的職涯寫照：邁爾斯適合隱身幕後，為人抬轎，而且他的運勢之強，總是能帶動球隊成功。

替補球員的養成背景，讓邁爾斯在成為球員經紀人之後能有更好的表現。他和他的客戶之間有著共同的語言，也能了解他們的心態和需要。他經手過許多知名的ＮＢＡ球星，努力為他們爭取合約的過程中，無論客戶、同事、老闆或是球隊總經理，和邁爾斯共事過的人都肯定他願意與人溝通的特質：每一件事他都願意去問，也能聆聽每一個人的意見。

日後在邁爾斯成為總經理之後，這樣的背景也讓他在戰力編成的思考角度、運籌談判的切入方法，以及折衝協調的態度技巧上，都要比一般純管理背景出身的經理人來得體貼。邁爾斯雖然算不上特例，畢竟球員出身的總經理並不少，像是勇士總教練柯爾也曾當過太陽隊的總經理。但相比之下，邁爾斯還有一層球員經紀人的歷練，讓他更擅長在球隊內外及組織上下做好領導及溝通，對內從球員、教練、各階行政人員到層峰，對外從媒體公關、球員工會、經紀公司、贊助商到其他各隊的總經理，身段柔軟的邁爾斯都更能知己知彼，展現靈活的手腕。

也因為邁爾斯這樣的特質，讓其他人很願意在有機會的時候幫他一把。之前邁爾斯代表旗下球員和塞爾提克交涉合約時，該隊總管丹尼・安吉就對他有很高的評價。而雷卡布在買下勇士之前，曾經是塞爾提克的小股東，所以安吉和雷卡布也有交情。當安吉知道雷卡布在找新的總經理時，他就順勢向雷卡布推薦了邁爾斯，因為他覺得這兩人應該很合。也就是說，邁爾斯在原先的經紀工作上展現了自己的特色及能力，讓安吉留下了好的印象，才會有後來的促成之舉。說到底，邁爾斯還是得先做好自己份內的工作，才能創造出更多機會。

邁爾斯善於溝通的特質，也確實更適合雷卡布的經營個性和管理哲學。據說當時雷卡布至少還面試了其他兩位球隊管理經驗豐富的候選人，其中之一還是前騎士總經理費瑞[1]（由此看來，勇士和騎士不管在台前幕後的關係還真是糾纏難解）。和其他競爭對手相比，邁爾斯雖然在專業經驗上吃虧，但因為剛好遇到雷卡布這樣相信直覺的新老闆，又對球隊運作介入極深，他需要一個能夠每天和他好好溝通球隊事務的總經理。雷卡布自己也知道，他的行事風格和領導方式或許會讓一般老練的專業經理人吃不消，而他也可能會和他們處不來。於是，看來很好溝通的邁爾斯就此出線。

看到這裡，你也許會覺得雷卡布只依賴自己的直覺做決定，才會挑了邁爾斯這樣的新人來當總經理，雇主的個人喜好凌駕了客觀的專業評估，根本是一種賭博性質的嘗試。但雷卡布還是做好了相應的配套規劃：先讓邁爾斯擔任副總一年，讓自己有時間觀察他；同時雷卡布聘請了聯盟前球星，也是出了名的行政經理人傑瑞．威斯特擔任球團顧問，他也安插了自己的兒子在邁爾斯手下，還加入了其他經驗豐富的資深管理人員。[2]光是這麼看，就知道邁爾斯若是沒有三兩三，很快就會被這些人識破手腳；也多虧了他擅長溝通的特色，和他一起工作非常愉快，才能在短短一年之中取得雷卡布和其他團隊成員的信任和喜愛。

邁爾斯最後能夠拿下這份新工作，還有一個重要的原因，那就是他對勇士的支持與熱情。從小在灣區長大的他，一直是勇士的球迷。他的皮夾裡還留著一張票根，那是一九八二年一月十五日勇士對尼克的比賽，當時的勇士，正以TMC三大明星球員在NBA掀起小球旋風。這也是他人生中到球場看的第一場勇士的比賽，那年他才七歲。[3]當他第一次和勇士老闆面試的時候，這張快三十年前的舊票根讓雷卡布留下了深刻的印象。最終，這樣的他打動了老闆的心，雷卡布決定大膽一試。一年之後，邁爾斯正式成為勇士總經理。

後見才明：在工作暫停時的判斷

成為勇士總經理，聽來光鮮亮麗。事實上，對邁爾斯來說是一種高風險的賭注。畢竟職業球隊經理人的工作非常沒有保障，戰績一旦不好，老闆可能馬上就要你走人。相形之下，邁爾斯在經紀人的角色上做得一帆風順，不僅當上了合伙人，還是副總級的高階主管，其實他可以繼續留在自己的舒適圈裡。當時他的職涯發展，就像一場打得極為順手的比賽，大可不必打斷這股氣勢。然而，他卻主動喊了暫停。

當你騎驢找馬，想找下一個新工作的時候，其實就像是職涯中的一個暫停。在重新開始工作之前，你得利用這個暫停的時間想好下一步，做出自己的決定和判斷。而在人求事的就業市場，一旦你想要轉換跑道，除了事先估量自己的實力之外，你還得考慮各種風險和機會成本，更要確認自己的熱情所在，才能做出正確的判斷。

回頭去看邁爾斯的例子可以發現，在找新工作的過程當中，無論是運氣、巧合，或是時機，其實有很多事情是求職者無法控制的。邁爾斯能做的，就是在自己能控制的範圍內做到最好，當他想要說服新老闆自己能夠勝任這份新工作的時候，他成功展現出自己的特色，用過去的實績和推薦人的口碑做背書。而當他做出轉職判斷的時候，他不只尋求外在人脈的牽成，也同時確認內在關係的支持。若真的做不好得走人，他也能夠回到經紀人的老本行。一旦有所依憑，便無畏懼，這是他從前一份工作累積下來的自信和厚度。最後的臨門一腳，就是看他如何用熱情打動對方的心了。

做為一個總經理，最重要的工作就是選秀、交易和簽約，其中的道理，和做出判斷的過程都是一樣的：在當時不知道究竟會帶來什麼影響，只有在回頭去看才發現每一個決定都彼此相關；成功的結果看似水到渠成，但其間有著外人想像不到的挑戰、拚搏、不安和準備，有時更需要一點運氣。正如邁爾斯自己說的，一切得回頭去看才能瞧出端倪。這不是「先見之明」，而是要「後見才能明白」。他引用已故蘋果創辦人賈伯斯的話，描述自己職業生涯中的每一個點只有在串起來之後才有了意義，而你能做的，就是扎實地經營眼下的每一個點。

邁爾斯成功轉職當上總經理的過程和其他人不完全一樣，但所需要的成功要素和正確判斷卻是一樣的。

25

25號的決定

比賽即將結束，勝負就要揭曉，此時戰況若陷入拉鋸，任一方都仍保有獲勝的機會，暫停的時機就非常重要，而在這短短幾十秒的暫停期間所做的決定，也許就決定了最終的勝負。

喊出暫停，可能是為了打斷對手氣勢，讓比賽冷卻；可能是為了調整自己的節奏，讓比賽回穩。有時喊暫停的是場邊的總教練，有時則是場上持球的球員；喊暫停的時機，也許就在對手的一波攻勢之後，也許就在自己的球傳不出去之前。無論暫停是誰喊的，目的又是為何，總教練都必須在暫停期間明確地佈達接下來的攻防策略，他不見得會調度球員上下場，也不一定會設計戰術給特定球員，但一定得讓球員知道上場之後該怎麼做。

暫停不只是給總教練時間去思考和分析，更要將自己的分析結果及應對策略，明確而清楚地告訴等一下要上場的球員。

這一刻，該如何下判斷？做為總教練，你不只要說服球員，更需要說服自己，這個決策是正確的。

有時，只是一念之差，就是勝負之別。

如果你正在猶豫要去哪裡上班，你該知道二十五號最後怎麼決定

球場上的暫停，就和人生的暫停一樣，你得利用時間為接下來的發展佈局。對進入職場的人來說，在開始下一份工作之前就是一個暫停，而選擇去哪裡上班經常是影響人生如何發展的關鍵，是否能打進人生勝利組可能就看這個決定，你必須在暫停時考慮清楚。

如果你有機會和心目中的偶像工作，你去不去？如果這個機會能讓你進入這一行最重要的核心，你動不動心？如果同時還有另一個薪水相當的機會，你要怎麼在兩者之間取捨？每一個問號，都是一個難決的猶豫。

二〇一四年，當時還是美國頻道ＴＮＴ球評的史提夫．柯爾在面對這些問題的時候，做了眾所周知的選擇，他決定接下金州勇士總教練，拒絕了紐約尼克和執教過他奪冠的前公牛

總教練菲爾・傑克森的邀約。柯爾在球員時期的背號是二十五號，過去他就是以冷靜的三分射手形象成名，在每一球出手之前，柯爾總是能在場上做出聰明的決定。

現在看來，柯爾的這個決定當然是再明智也不過了，在五年兩千五百萬的合約期間，柯爾在球團老闆授權及總經理全力支持的情況下，拿了一次年度總教練，二次明星賽總教練，以及三個總冠軍，合約才走完四年就要談續約。反觀尼克當年錯失柯爾之後，轉而以同樣金額請來同樣是菜鳥總教練德瑞克・費雪，結果費雪帶隊不到兩年就丟官，五年內已換了四位總教練，就連總裁傑克森也在二〇一七年走人。

柯爾完美地避開了東岸大蘋果的人事風暴和戰績黑洞，並在西岸灣區打出金色王朝。但回到當初，柯爾是怎麼讓自己做出正確的選擇呢？其實他考量的條件，和每個找工作的人都一樣，就是薪水、工作內容和地點。但他在做決定之前，並沒有讓薪水高低成為唯一標準，而是把家庭及工作團隊放在首要考量。

當時的情況眾說紛紜，但大致的發展是傑克森在接下尼克總裁之後，開除了總教練伍德森，屬意由熟悉他三角戰術的柯爾來執教。原本答應完全授權給傑克森的尼克老闆杜蘭卻對毫無執教經驗的柯爾有意見，只願意給他三年約，結果同樣也在尋找新教練的勇士，在第一人選大范甘迪與活塞簽約之後立刻轉而追求柯爾，並提出五年合約。錯失第一時間簽下柯爾的尼克此時陷於被動，即使再加碼提出和勇士一樣的報價，最終柯爾在思考之後還是決定加入勇士。

究竟尼克的老闆杜蘭在這中間是否扮演攪局的角色，其實不得而知，紐約媒體的消息太多，很難真的全數獲得證實。[1]杜蘭和紐約媒體之間的關係本就緊張，媒體一有機會就修理他，加上他個人的行事風格也沒有因此而有巨大的改變，和勇士老闆雷卡布相比之下，杜蘭還是被視為尼克成長的絆腳石。而杜蘭的領導方式和決策習慣，確實會讓他手底下的人難做，傑克森在尼克總裁任期內和老闆起衝突的傳聞也始終沒停過，最終傑克森並沒有走完他總裁的合約，提前結束了合作關係。光從這一點來看，待在尼克要應付來自層峰的壓力就絕對少不了。

「錢多，事少，離家近」確實可以說是當時柯爾選擇去勇士工作的寫照。年薪五百萬，不用在尼克三不五時會來爆炸一次的茶壺風暴裡攪和，而且奧克蘭離他在聖地牙哥的家又比紐約近得太多了。

其中「事少」的意思，是指柯爾可以專心在教練本務上，不用分心操煩其他過多的枝節。除了沒有老闆的干擾之外，就從球隊組成的基本面來說，在他要接手的那一季，勇士以柯瑞為核心的班底已經磨合成形。相比尼克當時還困在甜瓜與球團的角力以及一票綁死的巨約之中，勇士充滿可能性的年輕體質就讓執教工作變得單純許多。柯爾後來也說自己會選擇加入勇士，其中的一個原因就是他希望能有機會執教像柯瑞這樣的球員。而柯瑞做為勇士的領袖，以他柔性的領導風格，讓陣中的湯普森、格林等人願意降薪留隊打球，也讓總教練省心不少。

總教練一直都是個很有趣的工作。在這個位置上的人，常常都要負起他不該負的「政治責任」。比起棒球只給了總教練一個像是中階主管的經理（manager）頭銜，籃球裡的總教練至少在頭銜上是個「頭」（Head Coach）。但無論名稱是什麼，若把球隊看成一間公司，總教練永遠都是第一個要為公司營運績效不良而直接下台負責的人。奇怪的是，絕大多數的總教練都無法決定自己要請什麼人來為他工作。這就好像人家塞給你一堆你用不稱手的工具，然後讓你沒辦法把事情做好，結果一切都怪在你頭上一樣。了解這一層怪現象之後，就不難想像柯爾在接下人生第一份總教練工作之前會有多麼慎重。

家庭的考量，更是柯爾之所以會拒絕自己一直以來視為導師的傑克森、決定留在加州的主因。柯爾會這麼重視家庭，和他的成長背景有很大的關係。柯爾是在黎巴嫩的貝魯特出生，而他的父親是一位長期關心中東和平問題的大學教授，他的父親在任教當地大學期間，被恐佈份子用滅音器手槍從後腦開槍暗殺，地點就在他辦公室外的走廊上。[2]那時的柯爾才十八歲，剛加入亞歷桑那大學校隊沒有多久。這樣的悲劇，在柯爾成長過程中留下不可抹滅的傷痕，讓他更加珍惜與家人相處的時光。也正因為他以家庭為考量選擇了勇士，意外地讓柯爾站上了生涯的另一個新高峰。

柯爾球員時期待過公牛，在傑克森的三角戰術下成長，後來效力馬刺，透過波波維奇的團隊戰術發光，到太陽擔任總經理時，也近距離地和跑轟大師丹東尼合作，再加上他自己多年在媒體講評球賽的經驗，從客觀的角度去分析各家總教練的長短優缺，從而造就了他個人的執教思維，也讓他迅速成為成功的總教練。柯爾是近六十年來唯一能連續兩年在兩支不同球隊都拿下冠軍的球員（一九九八年在公牛，一九九九年在馬刺），也是繼一九八二年湖人主帥萊里之後，超過三十年來唯一能在執教第一年就奪冠的總教練。他在球員時期一共獲得五枚冠軍戒指，目前才執教四年就拿下三冠，在勇士持續強大的情況之下，做為總教練的柯爾也許很快就能突破自己球員時期的冠軍紀錄。

柯爾在猶豫該去哪裡上班的時候，從合作的團隊、老闆、公司的文化和地點等角度去分析比較兩份工作的內容，最後以家庭為優先做出決定。這個決定不只為他開啟了全新的未來，也為他帶來了巨大的成功。而回顧柯爾在他人生暫停時的判斷也可以發現，原來「和誰工作」及「為誰工作」是同樣重要的考量因素。柯爾能夠和適合自己執教理念的柯瑞等球員一起工作，正是他後來得以成功的關鍵之一，而為勇士老闆雷卡布工作，則是讓柯爾獲得了充份的授權，也讓他能夠完全展現自己的執教功力。

成功與否，這中間的差別有時真的只是一個念頭而已。

26

26億美金的魔法

上班久了，很多人都有自己當老闆的想法，也許開公司，也許開個店，一旦開始了這條路，許多思維想法都和在為其他老闆工作時完全不同。

做為一個老闆，該怎麼增加公司收益是其思考的重點，做為球隊的老闆也一樣。球隊想要賺錢，如果沒有場外的大市場當靠山的話，至少要有場上的好成績來支撐。一個職業球團最常被人檢視的績效指標就是戰績，而戰績和實際收益兩者之間的關係也很微妙。雖然好的戰績並不能保證高收益，戰績不佳也不代表一定會虧損，像是一支長年積弱不振的球隊可以靠著過去的歷史基礎、聯盟利潤共享、政府補助等方式來保持獲利狀態。但不可否認，一般來說戰績好的球隊比較可能創造高收益，所以球隊經營的主要核心目標還是增加勝場數以及取得冠軍。

過去四年有三年取得全聯盟戰績第一的勇士，在二〇一七年的調查時，市值已經漲到了二十六億美金，僅次於尼克及湖人。[1]前一年的勇士才排第六，才一年就以全聯盟最高的百分三十七的漲幅衝上前三，究竟勇士的新老闆雷卡布是怎麼做到的？

如果你正打算要開店，你該知道勇士如何漲到二十六億美金

想要開店自己當老闆，要決定的就不只是自己一個人的命運，而是更多人的生命共同體。想要取得成功，就必須有明確的管理思維。

二〇一〇年，雷卡布所屬的競標團隊以美金四億五千萬的代價接手勇士隊，當時不僅是空前的最高價，也被視為是溢價的一筆高風險交易。在前任老闆手中的勇士隊，十六年之間只打進過一次季後賽。從經營績效和競爭力來看，當時勇士的表現真的是有很大的問題。

然而之後八年，勇士不僅拿下三座冠軍，還創造了隊史首度二連霸，關鍵因素除了柯瑞及其他球員的表現之外，其實背後還有更多經營管理的思考層次。籃球是團隊運動，比賽決策的核心在於「人」的排列組合，在球場內外都是如此。這一場比賽誰該先發，誰打替補，這是場上球員的組合，由總教練來決定。這一季球隊該由誰來帶領，則是總教練與球員的組

合，由總經理來決定。如果說總教練是大廚，總經理的角色就像採買。雖說大廚的能力就是能夠用現有的食材，變出不同的料理，但做出來的菜色如何，還是要看採買為他準備了什麼料。

這麼說來，老闆的角色又是什麼？籃球比賽的重點是找出威力最強的團隊，唯有選擇適合的人才彼此合作，球隊才能獲勝，而在背後實際決定這一切的操盤手，正是球隊的老闆。老闆找了對的人來，授權給他們分層負責，讓球隊能夠順利運作。只不過球隊老闆在羈縻之間所拿捏的分際，卻是沒有一定的標準，常常是因人而異。有些老闆會徹底放手，讓手下人去自由發揮，也有些老闆會忍不住下海，伸手干預球團管理。

北美職業運動史上最出名的「撈過界」老闆，當屬美式足球達拉斯牛仔隊的傑瑞．瓊斯，他在一九八九年用一億四千萬美元買下球隊之後，就把做了快三十年的總經理和總教練雙雙開除，接下來瓊斯不僅找來自己的大學隊友當總教練，還自任球隊總經理，更成為球隊的代表人物。瓊斯完全主導球隊事務，和他理念不合的人都只有走路的份，就連他自己找來的總教練也一樣。在他主政的三十年間，強勢的瓊斯讓牛仔隊拿下三次超級盃冠軍，市值一路上升，他自己更在二〇一四年獲選為ＮＦＬ年度經理人。

相形之下，雷卡布的管理風格同樣是積極參與的典型，但他又能找到放手的平衡點。雷卡布是從西岸發跡的商人，白手起家的他在麻州長大，一直是塞爾提克的球迷，也曾因此成為該隊的小股東，並從此開始了他涉足職業籃球之路。擁有史丹福MBA學位的雷卡布，因為其創投的背景，讓他在西岸的矽谷逐步建立起了豐厚人脈，而這裡充滿了許多籃球迷，後來也逐漸形成一股入主北美職業籃球隊的新勢力。

在紐約時報雜誌二〇一六年的報導中，將雷卡布形容為第一個照著矽谷企業準則來經營職業籃球隊的老闆。他利用靈活的管理作為及開放的溝通模式，將外部專家的經營智慧導入球隊內部，同步整合新人事及新文化，並且不斷地重新評估球隊目前的發展走向及決策成效，做為修正及改進的基礎。[2] 雷卡布以此新思維整頓勇士這支老牌球團，從目前三度奪冠的成果來看，確實收到很好的效果。

當年雷卡布在暫停時的佈局，曾讓人誤以為他犯了外行人的低級錯誤，因為他把人事大權交到毫無管理經驗的總經理邁爾斯手中，又把球隊交給沒有執教經驗的總教練柯爾。但仔細觀察不難發現，這兩人都有一個共同的特色，就是他們在前一份工作上的表現十分突出。雷卡布在這兩個球隊最重要的人事案上，成功導入了所謂「外部專家」的管理智慧，在開放的溝通環境裡，進行靈活的運作。這也讓勇士不再只是一支球隊，而是往外開展成文化、娛樂及媒體整合的全球象徵。

在NBA歷史上有許多出名的老闆，不論他們是因為個人興趣或是節稅目的才買下球隊，也無論是透過個人擁有、家族經營或是財團持有的方式來運作球隊，他們對於球隊的管理邏輯通常都是絕對中心化的獨裁領導。在做決策的時候，這些老闆不是跟著直覺走，就是照著自己過去的成功經驗直接複製過來，或是依循傳統職業球隊的管理習慣去做。像雷卡布這樣以球隊為本位出發，不完全拘泥於自己的商場經驗，尋求導入適合職業球隊管理的因子，從而開發出新式的發展脈絡，確實是新奇稀有的少數。

當然雷卡布的諸多做法，一開始並不見得會被球迷接受。像是在二〇一二年三月時，勇士決定送走當家人氣球星艾利斯，從密爾瓦基公鹿隊換來傷勢纏身的中鋒柏加特，此舉就曾引發大量球迷的不滿，雷卡布也成了眾矢之的。當時雷卡布接手勇士才不到兩年，之前又不斷暗示球隊未來會搬去舊金山，早就被當地球迷點名為不受歡迎的新老闆。那天晚上，他在出席勇士傳奇球星「上帝左手」穆林的球衣退休儀式時，一拿起麥克風致詞就被全場球迷狂噓，完全講不下去。就算穆林出來打圓場，球迷依舊不讓雷卡布把話說完。後來在場的另一名傳奇球星貝瑞也看不下去，跳出來為雷卡布講話，一切才平息下來。

當時穆林說：「有時球隊想要成功，就需要做出改變，而改變需要你們的耐心和支持。」貝瑞則說：「這個人（雷卡布）花自己的錢，盡全力要讓這支球隊重返榮耀，而我相信他會成功的，所以請給他應得的尊重。」從這兩句話就可以看出，雷卡布想要改變勇士有多麼不容易，那晚被球迷狂噓的經驗也讓雷卡布耿耿於懷，也讓他更想為球隊奪下冠軍來證明自己。

雷卡布後來成功了，勇士拿下不只一座冠軍，但一路走來，雷卡布也並非完全不會犯錯。自豪的他曾經誇讚勇士的管理方式遙遙領先其他各隊，其距離可以用光年來計算，此一失言就引發強烈的批評。[3]當做為老闆的雷卡布愈來愈出名時，他就愈容易背負輿論的責任與壓力。但只要勇士在場上的戰績繼續走揚，在場外的市值不斷上漲，就沒有人能徹底否定雷卡布的經營新哲學。

許多人認為勇士若是沒有柯瑞，雷卡布也無法為球隊創造出這麼高的市值。話雖沒錯，柯瑞只有一個，而且無可取代，但經營球隊就像經營公司一樣，即使不能完全複製，仍是有方法可以提高成功的可能性。最近買下密爾瓦基公鹿的新經營團隊，就是想要照著勇士的重建經驗再造球團，而這樣的經營方式，正是雷卡布所創造出來的魔法。

壓哨球：成功的配方

如果比賽接近終了，雙方差兩分，落後的一方是主場的勇士，只有不到一秒的出手時間做最後一擊，這時主場球迷開始期待改變戰局的壓哨球出現。是該先求追平打延長，還是要拚一舉和對手說再見的致勝球？這時如果沒有機會暫停，在場上的球員該如何決定？若是連想都不能想就得要出手，自己能有多少把握？如果一擊不中，又該怎麼面對後果？

而在成功絕殺對手之後，疑問仍舊持續著：能夠投進致勝的壓哨球，究竟是運氣好，還是靠球員自己的實力？

每一顆壓哨球都無可避免地會帶著一點意外的幸運，也確實取決於出手者的準度及能力，但能不能稱之為致勝球，當下的時機和各種配合因素也同樣不可或缺。壓哨球就像人生中每一個成功時刻，運氣、努力和「X因子」三大要素都要齊備，才能水到渠成。

所謂成功的配方，其實就濃縮在每一顆壓哨球的三大成份裡，接下來三章，就來逐一分解柯瑞之所以能一再投進壓哨球的成功方程式。

27

27號這一天的運氣

籃球場上定義的壓哨球，是指進攻方在進攻時間終了之前完成出手動作，但一直要等到進攻時間終了之後才完成的進球。也就是球確定已經離手，但在球還沒有進入籃框之前，進攻時間就已經結束。因為在NBA場上設有蜂鳴器（buzzer）會在進攻時間結束時響起，所以此時的進球必然會伴隨著蜂鳴的聲響，「壓哨球」（buzzer beater）也由此而得名。

從數學上來說，球在出手之後，進或不進的機率就各占一半。從準備出手到確定是否進球的過程中，有許多因素會影響最終的結果，其中最容易被人聯想到的因素之一就是運氣。在長距離的出手當中，有時球從正面打板還能進框，很難說不是因為運氣好，而有時球明明進了一半卻還是轉了一圈奪框而出，多半會被認為是因為運氣欠佳。每當進與不進就差那麼一點的時候，很多人都會覺得運氣好壞是左右成敗的關鍵。

即使是柯瑞，有時他在場上的成功或挫敗，也有難以解釋的運氣成份。

如果你不相信運氣，你該知道柯瑞在二月二十七號的巧合

很多人相信運氣能為他們帶來成功，一切都是上天保佑；也有很多人不相信運氣的存在，人生的輸贏只能靠自己。在這光譜的兩端之間，還有更多對運氣抱持不同想法的人。

在相信運氣的人當中，有些人覺得自己天生好運，凡事總是如有神助；有些人覺得自己生來命苦，命運總和他們作對。也有些人從不把自己歸類到幸運或不幸運的人當中，他們相信運氣必然有其影響力，但那難以預測也無法控制，人絕不能只靠運氣吃飯，一切還是要盡力而為，剩下的就交給命運去決定。

在不相信運氣的人當中，有些人認為機率可以解釋一切，成功和失敗是很公平的機會均等；有些人則是認為巧合和運氣無關，許多事情同時發生只是偶然；也有些人認為好運或衰運都是一種想像力的發揮，人只是找到了歸因和藉口，來解釋發生在自己身上的事情和自己的行為而已。

更有些時候，人對於運氣的看法是流動不居的，同一個人對於不同事情可能會用不一樣

的角度去看待運氣的影響力。比如說不相信運氣會影響事業成敗的人，在面對愛情的時候，可能會發現自己不再那麼堅持己見，因為覺得能遇到對方真是太幸運了。即使聽來有點自我矛盾，但面對人生中那些很難解釋的現象和巧合，在找不出更好的解答之前，常常只能用「運氣」來詮釋。

就像柯瑞的實力毋庸置疑，他能取得成功是靠著自己不斷地努力得來。然而在他身上，同樣可以看到運氣的元素，在比賽的過程中扮演著難以言喻的重要角色。其中最有趣的一個例子，就是柯瑞在二月二十七號的運氣。從數據上來看，柯瑞在這一天的運氣似乎特別不同。

在二〇一七年二月二十七號之前，每逢這一天出賽，柯瑞的表現就特別驚人和搶眼。根據統計，柯瑞在二月二十七號出賽總共投進了三十四顆三分球，超過他生涯任何一個日期的表現，而且他在這一天的三分球命中率高達七成四。可以說柯瑞只要是在二月二十七號出賽，他的三分就投得特別多也特別準。[1]

二〇一六年二月二十七號，柯瑞在客場出戰奧克拉荷馬雷霆時，全場共命中十二記三分，當時追平聯盟最高紀錄。尤其是他在延長賽雙方平手時，比賽時間剩下五秒自己帶球過半場，在三分線前還有幾大步的距離就出手得分。柯瑞出手的時候，比賽時間還剩下二・六秒，但是因為他出手的距離實在太遠，球在空中飛行的時間太長，等到進球之後，在計時器上只留下〇．六秒。隨著雷霆最後反攻不進，這記準絕殺也成為柯瑞著名的代表作之一。

時間再往前推到二〇一三年二月二十七日，那時柯瑞還穿著Nike的球鞋出賽，他在紐約出戰尼克時拿下生涯最高的單場五十四分。不只如此，他還投進了十一記三分球，也同樣創下當時個人新高紀錄，命中率更是高達驚人的八成四六。在第四節還剩下三分四十四秒時，勇士仍落後兩分，柯瑞在這一次進攻時間即將結束之前，投進全場第十一記三分球。這記準壓哨球，一舉讓勇士超前對手。雖然最後球隊仍是以輸球做收，柯瑞的破紀錄之夜並不圓滿，但他已經站上了生涯的新高點。

一切到了二〇一七年二月二十七號就變了，勇士那天在客場出戰費城七六人，理應帶著強大運勢進場的柯瑞卻是判若兩人。全場共出手十一記三分，但是全數不進，也追平了聯盟的最高紀錄。柯瑞的第一次三分出手就是個籃外空心，接下來無論是自行運球甩開對手，空手走位拉出空檔，還是原地旱地拔蔥，柯瑞在三分線外變換了各種不同的攻擊方式，但怎麼投就是差一點。柯瑞原本在二月二十七號的好運彷彿完全消失不見，就連以往把握度最高的出手方式也同樣失手。勇士最後還是打敗對手拿下四連勝，柯瑞也拿下十九分，但那一天運氣就是不站在他這一邊。

明明是同一天，之前在這一天的表現是如此銳不可當，結果居然就在這一天栽了個大跟頭。同一個日子，全數都在客場，也全都打出令球迷印象深刻的個人表現，但卻結合了場上最苦與最甜的滋味，除了運氣，究竟該怎麼解釋這其中的差別？

如果你不相信運氣，你可以說這個例子解釋了一切，原本就沒有人會在什麼日子特別好運或是超級倒楣這回事，同一個日期出賽會有這樣完全相反的結果只是一個巧合而已。如果你相信運氣，你也可以說運氣主宰了一切，柯瑞在這一天的好運可能用光了，所以只能吞下這個難堪的紀錄。

二月二十七日對柯瑞來說，要說它是好運的日子沒錯，說它是倒楣的一天也行。同樣在二月二十七號出賽，柯瑞每次的結果不是大好就是大壞，而且都和他最為人所知的三分球表現息息相關。無論你相不相信運氣的影響力，這樣的巧合都說明了人生就像比賽一樣有著高低起落，人確實不能只靠運氣打天下，但也沒辦法單憑一己之力改變乾坤。認識到這一點之後，反而能在其中找到自己的平衡。

柯瑞在二〇一八年二月二十七號並沒有比賽，而在下一個二月二十七號的比賽日來臨時，關於這個運氣的話題可能又會再被提起。到時出賽，柯瑞的運氣究竟會被認為是好還是壞，他又會不會創下另一個紀錄，一切就像壓哨球出手之後，球在眾人的注目下滯空一樣，只能屏息等待結果。

28

28呎之外的努力

很多時候，隨著勇士的進攻時間即將終了，柯瑞可能會選擇帶球往籃下切，在最後一刻飛身用右手將球送出，觀眾可能沒有看到柯瑞的身體隨即失去重心往底線跌了出去，只會看見那球拉起高高的拋物線，在擦板之後投進籃框，完成了一記高難度的壓哨球。

柯瑞以高拋球擦板完成的最後一擊雖然很有戲，但觀眾印象最深的，還是他那超過二十八呎遠的超大號三分壓哨球。雖然出手的距離和壓哨球的定義無關，無論距離籃框有多近，只要符合出手及進球的時間要件，就算是灌籃也被稱之為壓哨球。但超過二十八呎之外的遠距離壓哨球，其戲劇張力卻是豐富無匹。

原因在於球出手之後，有著充份的空間讓目擊者醞釀懸念，隨著球的滯空時間愈長，創造出的吸引力愈強。在比賽時間終了，蜂鳴聲響起，那時除了飛行在半空中的球之外，球場內其他的一切都彷彿靜止了一般。當兩隊球員及全場觀眾目送著球進入籃框，在這電光石火的一剎那，所有的期待和沉默全數爆炸。那種獲勝的狂喜，佐襯著落敗一方的心碎，就是籃球場上最無可比擬的大能量釋放。

而柯瑞之所以能投進一個又一個超遠距離的壓哨球，靠的絕不是一次又一次偶然的好運而已，他信任自己打球的方式才是關鍵。

如果你不相信自己，你該知道柯瑞距離籃框二十八呎之外的效率

距離目標愈遠，難度愈高，遭遇失敗的機會也愈大。在一次又一次的挫折之後，很可能讓人失去自信，開始懷疑自己。如果不能相信自己做事的方式，不相信自己有實力能夠做到，也不相信自己非繼續努力不可的話，成功只會愈來愈遠。

在籃球場上二十八呎有多遠？ＮＢＡ的三分線距離，從弧頂到籃框中心的距離是二十三呎九吋，[1]也就是說二十八呎的距離要再從三分線往後退兩大步。根據二〇一六年球季的數據，[2]柯瑞在二十八呎到五十呎之間的出手命中率是五十二投三十五中，這樣的得分效率比任何人投兩分球的得分效率還高。

乍聽之下，讓人很難相信。原來柯瑞在這五十二次出手中，一共投進了三十五顆三分，拿下一〇五分，即使其他球員在這五十二次的出手機會中，全數選擇採用命中率最高的灌籃，他也只能拿下一〇四分，還少柯瑞一分。從這個數學式來看，柯瑞二十八呎外出手的得分效率居然比其他人的灌籃還高。

當然，那是柯瑞射程最遠，命中率最誇張的一季，而且數學和統計上說得通的數據理論，和實際球場上的運用之間還是有所差別。畢竟球員若是能夠在籃下以灌籃方式取分，照理說還是比從三分線外出手來得有把握。如果你看到有人在正常進攻狀況下有大空檔可以灌籃得分，卻硬是把球從禁區帶到三分線外兩大步去投，那人可能馬上會被總教練給換下來。即使是柯瑞自己，若是在籃下找到出手機會，只要球隊不是處於落後，需要抓緊時間追分的話，他也不會執著於一定要拉到三分線外再出手。

在比較過柯瑞二十八呎之外的高得分效率之後，就可以看得出來柯瑞的遠距離殺傷力有多麼驚人，他的三分就像一把長刀，當勇士需要在最短時間內完成一個最長距離的壓哨球時，全隊除了柯瑞之外不作第二人想。

不過，柯瑞這把長刀再長，也仍是兩面刃。根據一項二〇一六到一七年球季的統計資料，柯瑞在第一節、第二節及第三節最後讀秒階段，從半場或更遠距離之外出手的命中率僅有百分之〇．六七，在全聯盟所有嘗試在前三節投進壓哨球的球員當中，柯瑞是命中率最差的一個。[3]這把長刀，反過來傷到了他自己的統計數據。

但最有意思的地方就在這裡，會有這樣低的出手命中率，是因為柯瑞的出手次數比其他所有球員要多出快兩倍。即使距離再遠、時間再短、機會再小，柯瑞還是會毫不猶豫地出手，就是因為柯瑞心裡想要這麼做，並且相信自己這麼做是對的。

除了相信自己打球的方式，更重要的是他為了要取得更高的命中率，在訓練及賽前熱身投入更多的時間，積極地練習著該如何在這樣的情況下出手。柯瑞的賽前熱身練習早已經成為勇士球迷必看的焦點，而他總是在場上各個位置模擬可能的出手狀況，至於從球員通道出手的招牌長射，則是強化自己超長射程穩定性的菜單之一。

當別人還在把超遠距離的投射視為孤注一擲的賭博式出手時，柯瑞則是用持續、大量而規律地練習，以及在實戰中不斷繳出成功的結果，來讓超大號三分和超遠程壓哨球逐漸成為合理的出手選擇。當柯瑞不斷地把外線出手的「合理距離」往外拉的同時，他正逐漸改變著觀眾的期待、球員的習慣，以及教練的堅持。

在柯瑞屢屢命中不可思議的超遠三分之後，每當一節或一場比賽開始倒數讀秒之際，觀眾就會開始期待看到球員出手。無論比賽差多少分，無論距離籃框多遠，只要還有一絲機會，球員也會試著改掉過去不出手的習慣，儘量不再去管自己的數據，而回歸到競賽最原始的那種追求未知結果的本質。至於總教練，雖然不可能去部署超過五十呎的超長距離出手，但卻也開始放下過去保守的堅持，鼓勵球員去嘗試各種得分的可能性。

或許對職業球員來說，他們還是會為了薪資談判而傾向保護自己的數據，畢竟那是最有力的談判籌碼之一，若是關鍵時刻的命中率表現不好，也將會成為球隊用來壓低出價的手段。有些球員不像柯瑞在收入上那麼寬裕，他們甚至必須為了留在聯盟而戰，遇到這些狀況會顧慮這麼多，確實無可厚非。但對其他年輕一代的學生球員來說，他們對於嘗試這種二十八呎以外的出手興致勃勃，在這幾年的NCAA大學籃球賽中，愈來愈常看到球員們用不可思議的超遠壓哨球，在最後一秒絕殺對手。這是一種世代的轉變，也是一種最純粹的追求，就是要用全力拚出最後一個可能。

釋放自己的可能

當柯瑞投進關鍵三分，或是投進大號壓哨球之後，常常可以看到他在場上以誇張的肢體語言開始舞動，或是向觀眾席激動地宣告自己的心情，那些都是他釋放自己野性與壓力的時刻，也是給自己的心理激勵與獎賞。

這時的柯瑞展現了他性格中「殺手」的本質，這和他在媒體之前呈現出的謙虛態度相比，完全是判若兩人。你可以說這是雙面人性格，但這並不是虛偽或是鄉愿，因為這兩種性格都來自於他信仰的價值和追求的專業態度。所以當人認同柯瑞的謙虛時，也能折服於他睥睨對手的傲氣。當人注意到他笑容的溫暖時，也不會忽略他眼裡的殺氣。他可以在慶祝進球的那一刻，右手送了「上帝之心」之後就低頭回身防守，也可能就在場中起舞，甚至力邀全場的球迷一同加油助威。

在這以英雄主義為中心的聯盟，在這個人主義至上的國家，明星球員很容易在成功之後，開始認為世界就是以他為中心在運轉：那是一種錯覺，也成了一種習慣，更是他們精神上的武裝。若是不夠自信，怎敢果決出手；若是不知如何自處，又怎麼面對輸球的責難。

這本來就是一種心靈試煉，既要他猛虎毒龍地制霸天下，又希望他能溫良恭讓地以團隊為上，真的會讓人精神錯亂，所以柯瑞一直在這兩個模式之間切換，他知道自己必須爆發，但又不希望迷失自己。於是他在這兩極之間，不停地旋轉。

這是柯瑞的自我遏抑，也是他給自己的封印。而當他解開束縛之際，就是他釋放自己的可能，開始接管比賽的時刻。

柯瑞在勇士拿下前兩座總冠軍時，那兩年他的季後賽平均得分都是二十八分。這個定律在他拿下第三冠時被打破了，平均只有二十五分，和他二〇一六年被騎士打敗的那一季一樣，但結果卻很不一樣。二〇一八年的柯瑞有了更好的隊友在側，他們分擔了更多的得分責任。勇士的陣容確實在這幾年變了很多，但其中有一件事沒有變，那就是當比賽時間接近終了，雙方分數咬得很近，勇士必須在極短的時間內，從極遠的距離完成攻擊，無論是喊了暫停從界外發球，或是在無暇細想部署的情況下，只要球在柯瑞手上，現場所有人都會期待他出手。

期待他用機率去拚下一個驚歎。

29

正29邊形中的X因子

若要問正二十九邊形的對角線共有幾條，你會怎麼算？先把圖形畫出來，然後一條一條拉？或是照著公式，把所需的數字代進去？還是另闢蹊徑，天馬行空？要解開一個問題的方法有很多種，除了最為人熟悉的前兩種方法之外，還有更多種可能。

為什麼柯瑞能投進這麼多壓哨球？要解開這個問題的方法也有很多種，除了前面提到的運氣和實力之外，同樣還有更多種可能因素。

兩點之間最短的距離是直線，但籃球從出手點到籃框中心點之間的連線常是弧線，每當球員成功讓球走完一次這條弧線軌道，就能為球隊增加分數。就像正二十九邊形共有三百七十七條對角線，壓哨球也只是眾多走著同樣得分軌道的一種進攻方式。而這二十九個點之間的對角線，一旦相交就會形成「X」，每次的交會，都有著不同的角度，也創造無限的可能性。

人生成功的可能性也有很多種，除了靠運氣和實力外，還有許多潛在「X因子」同樣扮演著重要的角色。

如果你不相信X因子，你該知道柯瑞二十九歲時的傳說

X因子是個很玄的東西。美國媒體在季前戰力評比或是系列賽前對戰分析，都會用這個名詞來形容一名可能會發揮影響力的角色球員。這名球員可能會大爆發改變比賽，也可能完全沉寂毫無作用，因為充滿了不確定性，所以用未知數的「X因子」來稱呼他。延伸所及，X因子概括了其他可能會改變球隊或是比賽走向的潛在因素，除了角色球員之外，可能是場內的球隊化學效應、傷病風險或是戰術執行度，也可能是場外發生的事件，從老闆的財力到醜聞、球員的家人到緋聞，甚至是政治風波和社會新聞，可說無所不包。

成就一顆壓哨球，其實不只是靠出手的那名球員而已，而是要靠當下的時機、對手的競爭力、隊友的配合度、裁判的自由心證等其他因素的同時配合到位。這些鉅細靡遺的要素，無論從整體的混沌理論或是單一的蝴蝶效應去看，一切就是X因子的大集合。

壓哨球的定義只有一種，指的是進攻方在時限內完成出手，等時間走完之後才完成的有效進球。但它在場上實際發生的狀況卻有很多種：比如說出手的時間可能是在單次進攻、單節、半場或終場結束之前；出手的位置也許是在籃下或是在外圍；投進之後的結果或許是絕殺、扳平，甚至是於事無補。

有時候，壓哨球可能是關鍵球（clutch shot），比如說當落後的一方好不容易防守到最後一刻，眼看就要造成對方二十四秒進攻違例，卻硬是被對手投進壓哨球，不僅沒止住失分，還讓領先的對手多消耗了自己追分的時間，那種功虧一簣的沮喪感將對士氣造成嚴重的打擊。由此看來，這一顆壓哨球對最終的勝負可說至為關鍵。

有時候，壓哨球可能就是致勝球（game winner），比如說這一記壓哨球就是全場最後一個有效進球，也讓進攻方就此超前比數，取得比賽的勝利；或是當一方在最後一波進攻以壓哨球取得領先之後，另一方雖然還有時間反擊，但即使進球也沒能改變比賽結果。這一記壓哨球就會被視為致勝球。

光是看到這麼多壓哨球的可能性，就可以想見有多少因子會影響壓哨球的結果及重要性。試想，如果對手沒有競爭力，兩隊無從拉鋸，壓哨球也就只是球賽中　次煙花般的驚喜而已；如果競爭激烈，但隊友無法配合暫停時下達的戰術，球交不到指定的人手上，也就沒有絕殺出手的時機；甚至在過去沒有重播畫面輔助判決的年代，主裁判的自由心證也可能就此沒收了一記壓哨球。

人說時勢造英雄，當機會交到你手上的時候，你若是能把握住了，就能一舉成功。但回頭來分析這一刻，你會發現沒有其他X因子的累積，也沒有你致勝一擊的畫龍點睛。

柯瑞在二十九歲生日那天對戰費城七六人，他在主場拿下了二十九分。二十九分對他不是難事，那一季他的賽季平均得分是二十五分左右，這場比賽算是實力的正常發揮。若不是因為那天剛好是他的生日，沒有人會去管這兩個數字的巧合。沒想到過了幾天，柯瑞在三月二十九日客場對上馬刺時，他又拿下了二十九分。而且在他二十九歲之後，只要單場剛好拿下二十九分，他從沒輸過任何一場比賽（截至二〇一八年六月底），柯瑞的運氣和實力在此時似乎獲得了適當的平衡。

在這兩場關於二十九的巧合比賽之間，柯瑞曾在奧克拉荷馬出戰雷霆時投進一記壓哨球。那時是半場終了之前五．七秒，勇士已經領先對手十七分。這最後一波進攻權，是由伊古達拉及吉布森兩人進行跳球來決定，結果球在被撥出界之前被湯普森救了回來，直接拋給已經跑到前場的柯瑞。當他在三分線外兩大步的距離接到球，時間已經只剩一．九秒，柯瑞趁著雷霆球員還沒退防完成就已經出手，目送球進框之後，柯瑞隨即跑進球員休息室。柯瑞這大號的壓哨球，把雙方的差距拉大到二十分。如果不是爭球，雙方球員不會集中到另一個半場，柯瑞也不會有這麼大的空檔；若不是湯普森奮力把球救回來，柯瑞也同樣不會有出手的機會。投進這一記壓哨球除了是柯瑞的運氣和實力之外，還有一個重要的X因子是隊友的努力。

往前到二〇一六年的一月二十二號對上溜馬，柯瑞分別在第一節及第二節結束時從中場出手投籃。第一次出手時，柯瑞起跳的位置大概是在三分線外兩步，只不過這條三分線是位在另一個半場，所以球飛了好長一段距離才進框，可惜柯瑞出手之前時間已到，球進不算。沒人想到在半場結束之前，柯瑞又有機會再試一次。那時隊友搶下防守籃板之後傳給柯瑞，他運球躲過對手的抄截之後用騎馬射箭的方式出手。這一次柯瑞離籃框近一點了，大概比上一次多往前三步，但離中場仍有一大步的距離。他出手時還剩下一．三秒，當第二節結束的蜂鳴聲響起時，這球才剛開始從最高點往下掉，最終打板進框，成了半場壓哨球。這次柯瑞投進壓哨球的X因子，除了傳球給他的隊友之外，還有前一次功敗垂成的經驗，讓他更想要再嘗試一次。

再往前到二〇一五年的五月十五日，勇士在西區準決賽第六戰對上灰熊。那年勇士在取得首勝之後連吞兩敗，情勢危殆，結果勇士靠著柯瑞兩度單場攻下超過三十分成功逆轉系列賽，而柯瑞在淘汰灰熊的第六戰時，在第三節終了前投進一記超大號壓哨球。當時的情況本來是灰熊握有最後一波球權，由傑夫・格林持球進攻，但他在三分線外被伊古達拉蓋了下來，柯瑞在罰球線附近拿到防守籃板之後，往前跑兩步就立刻出手。柯瑞這次起跳的位置大概是在三分線內一步的地方（只不過這條三分線仍是位在另一個半場），這記將近六十二呎的長程三分彈，讓勇士帶著八分的領先進入第四節。但如果注意去看，其實之前灰熊格林的那次出手有吹犯規的空間，只是裁判並未響哨，也才讓柯瑞有機會順勢命中壓哨球。裁判的自由心證，在這裡成了無可避免的X因子。

分析X因子的威力，會讓你知道你無法只靠自己成事，一切仍需要他人的協力與牽成，無論他們是有意為之還是無心插柳。這也是柯瑞保持謙虛的原因，既然一切不只是自己的功勞，所以柯瑞總是將他的榮耀歸給上帝，將他的成就歸給隊友，把他的喜悅歸給家人。

了解成功不見得能操之在我之後，並不代表努力沒有意義。因為人只有在認識到限制的存在之後，才能更合理地去全力追求成功。雖然少了無知的傻勁，但多了看清的澄澈。

每一顆成功的壓哨球之中，都有不同比例的運氣和實力，有時多了一點幸運的剛好，有時多了一點努力的累積，除此之外，還有不同數量和成份的X因子，會跟著每一次出手的狀況而有所變化。回頭去分析柯瑞的壓哨球，就好像從頭檢視每一次成功的經驗，你會發現有很多其他的X因子在影響著最後的結果。試著去了解這些X因子在成功過程中所發揮的作用之後，你可能會覺得那已經完全超出你所能控制的範圍，雖然你確實不能全盤兼顧，面面俱到，但若在心理上有所準備，或許某個X因子就能為你扮演臨門一擊的角色。

Post-game Press

賽後記者會：後記

無論比賽的結果如何，球員在走出球場之前，可能會先遇到場邊的記者訪問今晚的英雄人物，接著進入球員休息室，坐在自己的置物櫃前面，一邊換裝一邊接受記者採訪。如果是季後賽，就要出席正式的賽後聯合記者會。

在這樣的記者會上，該說什麼才好呢？也許，說一段總結一切的故事，也許，說一個起點的回顧。也許，在最後的最後，想起了最初的最初。情緒最低身體最累的時候，想起了最甜最暖的時刻。

賽後記者會上說的話，也是人們記得一場比賽、一個球員，或是一個時代的方式。

30

30而立

在賽後記者會中，柯瑞常是被訪問的主角。過去他曾無心插柳地帶著自己的大女兒萊莉一同上台，結果讓女兒大出鋒頭，還成了全國的焦點明星；他也曾因為丟牙套的爭議事件，必須面對比賽失常和行為失當的質疑和指責，得在記者會中小心為營。但無論什麼情況，柯瑞總是願意儘量在記者會上分享自己的想法。

記者採訪球員的目的只有一個，就是想辦法蒐集足夠的資訊，好說出一個有吸引力的故事，而柯瑞總是能給記者不一樣的好故事。

如果你是柯瑞的球迷，你該知道三十只是一個開始

隨著柯瑞在全球累積的人氣和名氣，三十號的柯瑞已經成長為當世籃球的新象徵。對柯瑞來說，這個數字除了是球衣背號之外，還有著更多重的意義。每一個意義背後還有著許多的故事，更重要的是，三十對柯瑞來說，就像是每一個人生階段的開始。

三十是柯瑞爸爸的背號，是打過NBA的老柯瑞將籃球帶入柯瑞的生命中，這個號碼代表著柯瑞和籃球之間再也密不可分的開始。三十也是柯瑞結婚紀念日，在二〇一一年六月三十日這一天柯瑞和艾莎成為夫妻，這個日期代表著兩人共同經營婚姻和家庭的開始。

柯瑞左手腕上的刺青寫的是「TCC·30·」代表的是信賴（Trust）、投入（Commitment）及關心（Care）的三字箴言。這個三十，可以是他的球衣號碼，所以這三字箴言是指他的籃球工作，提醒他自己要信賴隊友、投入比賽、關心社區。但也可以是他的結婚紀念日，代表他信賴妻子、投入家庭、關心家人。

因為工作性質的關係，柯瑞在上班的時候不能和其他已婚男子一樣戴著婚戒，所以他在左手無名指上刺著「A」字，也就是代表著艾莎的名字縮寫，讓自己在打球時也能戴著婚戒。以前的人相信，左手無名指有一條名為「愛情靜脈」的血管直通心房，所以才有把婚戒戴在左手無名指上的傳統，無名指也才會叫做「環指」或「戒指」（ring finger）。當其他四指都有自己的名字時，唯獨第四指沒有，所以才被稱為「無名」，但因為這個傳說，它從此有了愛情做自己的名字。柯瑞就以妻子的名字為戒，印刻在自己的無名指上，象徵自己隨時都守著兩人的愛情。

除了家人外，三十的另一個意義是NBA史上歷屆得分王掄元時的平均得分，那像是一個門檻，也像是一個標竿。而柯瑞自己在二〇一六年第一次拿下聯盟得分王的時候，該季的平均得分就是三十分，那也是他拿下全票MVP的一年，代表著他全面晉身頂尖巨星的開始。

三十也代表年紀，在柯瑞滿三十歲的這一年，他擁有了第三座總冠軍和第三個小孩，無論職場或是人生，都進入了另一個新的階段。從球場到家庭，他還有更多的可能要追逐，更高的障礙要跨越，更難的挑戰要克服。

無論三十是號碼還是日期，是分數還是歲數，對柯瑞來說，它都代表著一個起點。

也許很多人會覺得柯瑞已經身在巔峰，在拿下這麼多冠軍和獎項之後已經沒有什麼好證明的了；甚至更多人會質疑傷勢和年紀會讓他在體能上開始走下坡，他近年來的出賽時間已連兩季下滑，問題只會愈來愈多；而隨著杜蘭特、湯普森和格林等人陸續進入合約年，勇士很有可能無法再將他們全數留下，柯瑞身邊的明星隊友也將離他而去，未來柯瑞的成就很難再往上走。

這些都有可能發生，也可能是無可避免的注定，沒有任何運動員能夠逆天而行，改變老化的定律，要想在最高強度的頂點繼續與人爭雄，他們都必須在打法上做出改變。這樣的懷疑和挑戰聽來是如此熟悉，就像柯瑞在每一個階段的一開始都是不被看好，甚至被人看輕一樣，這讓他必須一再證明自己，扭轉劣勢，以他的三分球打法創造另一種典範和奇蹟。這像是柯瑞版的「超煩才能入勝」：唯有超越了這些超煩人的一切，才能進入勝利的境界。

在到達人生的第三十章之後，從零開始回顧柯瑞給人的第一印象，到他連拿兩座最有價值球員以及奪下三座總冠軍之後的種種成就，你會發現這個第七順位的新秀，曾經單季只吞下九敗卻拿不下該季的總冠軍，曾經單場飆進史上最高的十三記三分球，卻也追平單場連十一次三分失手的難堪紀錄，他就像浪花一般在大起與大落之間創造豐沛的能量。如果深入柯瑞的成長歷程，他在十四號出生，在十五歲遇到真愛，他的父母弟妹和他的妻子兒女一樣，都是形塑他個性和魅力的能量來源。若再多了解他一些的話，還會發現他是一個同時能在籃球場上拿下破延長賽最高紀錄的十七分，又能在高球場上追逐十八洞最低桿數的人，他就像灣區橫跨兩岸的金門大橋一般，不斷試著在工作和家庭、專業與興趣的兩端之間找到平衡。在我們所屬的這個年代，無論柯瑞是與當代最強的二十三號同場競逐，還是與史上最神的二十三號並論相提，他都是勇士之所以能漲到二十六億美金身價的主因，而他二十八呎外的驚人三分球更是引領了新一代的籃球思潮。

這個當世最具代表性的三十號，在他的而立之年已經寫下了無數個數字。從〇到三十，這些數字可能是年紀、號碼、日期，也可能代表著紀錄、記憶和成就。即使有人仍要挑剔柯瑞是靠爸、是媽寶，還是妻管嚴，仍有許多現役或退役球員並不把他視為MVP，他的三十號球衣就是銷售量第一名。而了解他之後更會知道，柯瑞其實就和我們一樣是個平常人，也因此他成了我們這個時代的最大公約數。

這本書中，關於柯瑞及勇士的紀錄，有一些仍在續創新高，有一些成就已經中斷，有一些數字已經被人超越，但每一個紀錄都仍鮮明地在人們心中活躍著，柯瑞是現在進行式的傳奇。在三十章結束之後，還有更多的篇章和紀錄在持續。

一切只是開始。

作者誌謝

在起心動念寫書之際，我和妻子剛開始唸喬治亞大學博士班一年級，等到出版的此時，我們還在唸書，身邊卻多出了兩個孩子。

沒想到從0寫到30章，竟會走出了這麼長的一段路，柯瑞早已從當年的衛冕失敗重返王座，今年更創下連霸。這一路走來，對我也是一種成長，尤其在孩子出生之後，特別關注父母怎麼教養孩子、兩兄弟又該如何相處，對夫妻之間的相愛更有另一層深刻的體會，所以柯瑞一家人在球場內外的故事，確實給了我很多關於人生角色的如果與解答。書中的事實皆有所本，想法也都有所依，但我想讀者從自身經驗去看柯瑞的數字、紀錄和事件時，或許會有另一種解讀和看法。這些不同，也將開啟更多對話和想像。

感謝愛妻知音帶著星星和昇昇陪我一起完成這本書，也感謝指導教授張建輝老師的支持，而有了真文化出版偉嘉的推動、聯合新聞網耀賢學長的幫助，和好友徐元鴻及洪爭坊的建議，這本書才能形塑成如今的樣貌。更要感謝遠在台灣和沙烏地阿拉伯的媽媽、姊姊們、姊夫們和孩子們，因為有妳／你們，我們才有這一切。

各章參考資料來源

〇

1 http://www.stack.com/a/athletes-number-zero

2 http://www.complex.com/sports/2015/01/reason-behind-your-favorite-current-nba-players-jersey-number/

3 http://www.sfgate.com/bayarea/article/Warriors-to-get-1-million-rent-increase-at-11119574.php

4 http://arenadigest.com/2017/06/15/future-oracle-arena-still-unknown/

5 http://www.sfgate.com/bayarea/article/Warriors-to-get-1-million-rent-increase-at-11119574.php

6 http://www.foxsports.com/other/story/oakland-teams-leaving-warriors-a-s-raiders-vegas-san-francisco-relocate-reasons-why-when-061316

7 http://www.nba.com/warriors/numbers/

1

1 根據台灣《Career就業情報誌》前總編輯臧聲遠在二〇〇三年發表的說法，參見：http://blog.career.com.tw/managing/default_content.aspx?na_id=100&na_toolid=401

2 http://news.ebc.net.tw/news.php?nid=67416

3 https://www.mol.gov.tw/topic/3067/5990/13171/19154/

4 一九七三年次的西奈克，是出生及成長在英國的作家，定居美國後成為著名的演說家，他在Ted Talk上的演講被選入前十大最受歡迎的熱門點播影片，而一九七六年出生的比爾優是美國成功企業家，他與合伙人共同創辦的公司Quest Nutrition一開張，就在三年內成長了五百七十倍，發展極快，也在二〇一四年被《Inc.》商業雜誌評選為美國成長速度第二快的新企業，近年來則致力於新媒體平台，由比爾優主持的播客節目「Inside Quest」也在二〇一六年十月重新定位為「影響力理論（Impact Theory）」，打算以此拯救當今社會心靈貧弱的現象。
5 https://www.coachup.com/nation/articles/stephen-curry-draft-report
6 http://fortune.com/2015/07/30/coachup-private-coaching-stephen-curry/
7 Steph Curry with the shot…. zero to one hundred Stephen Curry: 6'3", 185 pounds. Position: Point Guard. Stephen's explosiveness and athleticism are below standard. He is not a great finisher around the basket. He needs to considerably improve as a ball handler. Often struggles against physical defenders. Stephen must develop as a point guard to make it in the league. He will have limited success at the next level. Do not rely on him to run your team. My actions speak louder than my words. Know yourself, know your worth. Zero to one hundred...
8 http://web.pts.org.tw/php/html/speak/view_text.php?XSSENO=107

2

1 http://official.nba.com/wp-content/uploads/sites/4/2016/04/2015-16-Most-Valuable-Player.pdf
2 http://bleacherreport.com/articles/2703746-how-the-nba-mvp-voting-process-works-announcement-date
3 http://official.nba.com/wp-content/uploads/sites/4/2017/06/2016-17-Kia-NBA-Most-Valuable-Player-of-the-Year-Award.pdf
4 http://www.nba.com/nbaawards#/
5 http://www.slate.com/articles/business/rivalries/2013/08/hertz_vs_avis_advertising_wars_how_an_ad_firm_made_a_virtue_out_of_second.html

3

1 https://www.basketball-reference.com/leaders/ft_pct_career.html

2 http://nbachina.qq.com/a/20171029/001100.htm

3 https://www.basketball-reference.com/players/o/onealsh01.html

4 https://www.basketball-reference.com/players/c/chambwi01.html

5 https://www.si.com/nba/2016/06/30/malcolm-gladwell-wilt-chamberlain-rick-barry-nba-free-throw-granny-shot

6 https://basketball.realgm.com/ncaa/conferences/Ivy-League/14/Davidson/269/nba-draft

7 http://www.nba.com/history/players/barry_bio.html

8 https://query.nytimes.com/gst/fullpage.html?res=9402E4DF143FF936A25752C0A9609C8B63

9 其他三人分別是Bill Melchionni, Tom Thacker, 和J博士Julius Erving。其中Tome Thacker更是史上唯一的三冠王，他在NCAA, NBA和ABA都有奪冠紀錄。至於當今常被討論的三冠王（The Triple Crown），則是指飛人喬丹和魔術強森等人創下的大學全國冠軍、職業總冠軍及奧運金牌紀錄。
https://www.reddit.com/r/nba/comments/3a849e/there_are_zero_players_to_have_won_the_ncaa_title/

10 https://www.basketball-reference.com/players/b/barryri01/gamelog/1980/

11 https://www.nytimes.com/2017/02/08/sports/ncaabasketball/underhand-free-throw-rick-barry.html

12 https://www.youtube.com/watch?v=SrW0-Xzz9P4

13 https://www.basketball-reference.com/players/o/onuakch01.html

4

1 http://www.epochtimes.com/b5/7/3/13/n1644538.htm

2 http://bleacherreport.com/articles/340344-a-freak-case-of-arbitration
3 https://www.baseball-reference.com/players/w/wangch01.shtml
4 http://www.espn.com/mlb/news/story?id=4840120
5 https://www.mlbtraderumors.com/2011/05/lincecums-historic-arbitration-case.html
6 https://www.foxsports.com/mlb/gallery/arbitration-hearings-mariano-rivera-derek-jeter-rafael-palmeiro-ruben-sierra-011916
7 http://www.espn.com/mlb/story/_/id/12502518/mlb-players-association-chief-tony-clark-says-best-players-field-spite-super-2-rule
8 https://basketball.realgm.com/nba/info/rookie_scale/2010
9 http://www.cw.com.tw/article/article.action?id=5083016
10 https://www.theodysseyonline.com/arbitration-fix-nba
11 http://www.nbaminer.com/four-point-plays-and-one/
12 https://www.youtube.com/watch?v=lWDS7o82SpE
13 http://www.slate.com/articles/sports/sports_nut/2016/06/the_4_point_line_could_be_coming_to_the_nba_here_s_where_to_put_it.html

5

1 https://basketball.realgm.com/nba/teams/Golden-State-Warriors/9/Hall-of-Fame

6

1 http://heavy.com/sports/2015/04/stephen-curry-shoes-net-worth-salary-contract-height-college-dad-mom-wife/

2 https://247sports.com/Article/Revisiting-Stephen-Currys-recruitment-36891302/

3 http://fortune.com/2015/07/30/coachup-private-coaching-stephen-curry/

7

1 https://www.foxsports.com/nba/story/stephen-curry-golden-state-warriors-minnesota-timberwolves-ricky-rubio-jonny-flynn-032116

2 http://www.sfchronicle.com/warriors/article/The-real-MVPs-How-Warriors-moms-shaped-11144352.php

3 https://www.foxsports.com/carolinas/story/the-story-behind-stephen-curry-seth-greenberg-and-virginia-tech-050915

8

1 https://www.mercurynews.com/2018/01/05/draymond-green-becomes-warriors-leader-in-triple-doubles-through-hard-work/

2 https://www.youtube.com/watch?v=YjU7BYcJwIw

3 http://www.playerwives.com/nba/golden-state-warriors/steph-curry-wife-ayesha-curry/

4 http://www.sfgate.com/warriors/article/Steph-Ayesha-Curry-celebrate-Finals-win-new-tattoo-11228337.php

9

1 https://www.nytimes.com/2016/06/18/sports/basketball/stephen-curry-fouled-out-golden-state-warriors-nba-finals.html

2 https://www.usatoday.com/story/sports/nba/2016/06/16/stephen-curry-mouthpiece-nba-finals-game-6-warriors-cavaliers/86021724/

3 https://www.youtube.com/watch?v=K5zKSToVp0U&t=81s

10

1 http://www.charlotteobserver.com/sports/nba/charlotte-hornets/article199036239.html

2 https://www.sethcurry.com/pages/seth-curry

3 https://www.si.com/nba/2015/09/08/seth-curry-kings-stephen-curry-warriors

11

1 二〇一六年湯普森單場拿下六十分，全場居然只持球九十秒的時間，就可以看出他不占球權的得分能力。https://www.sbnation.com/2016/12/6/13854272/klay-thompson-highlights-stats-scoring-60-points

12

1 https://www.mercurynews.com/2015/05/24/festus-ezeli-and-the-long-strange-trip-to-the-nba/

13

1 https://www.basketballnetwork.net/nba-players-and-their-jersey-numbers/

2 阿波羅十三號大概是最有名的例子，認為就是因為取了這個編號，過程才這麼不順利。不過，換個角度想，那一趟的登月任務最終是失敗了，但全體組員成功生還，這中間除了人為的努力，也帶有一點幸運。

3 http://keepingscore.blogs.time.com/2011/10/19/top-10-sports-superstitions/slide/lucky-shorts/

4 http://blogs.mercurynews.com/kawakami/2016/05/13/steph-curry-quirks/

5 二〇一七年的總冠軍復仇之戰，柯瑞的球鞋上放了另一段《聖經》章節，這一次他引用的是〈羅馬書〉第八章第二十八節（Romans 8:28）：「我們曉得萬事都互相效力，叫愛神的人得益處，就是按他旨意被召的人。」https://sportsspectrum.com/sport/basketball/2017/06/05/stephen-curry-wears-bible-verse-sneakers-nba-finals/

14

1 https://mashable.com/2017/03/14/pi-day-rockies-baseball-twitter/#.TdAS0GJBkqR

2 http://www.nicekicks.com/exclusive-stephen-currys-dubfetti-armour-curry-3-birthday-pe/

3 https://www.usatoday.com/story/sports/ftw/2018/03/14/under-armour-celebrates-steph-currys-birthday-and-pi-day-with-new-shoe/111138288/

4 http://ftw.usatoday.com/2018/03/steph-curry-birthday-surprise-steve-kerr

15

1 http://abc7news.com/sports/stephen-curry-family-celebrate-nba-championship-with-new-tattoos/2121016/

2 https://www.parents.com/parenting/celebrity-parents/moms-dads/exclusive-stephen-curry-and-wife-ayesha-on-marriage-kids-and/

3 http://nbafamily.wikia.com/wiki/Stephen_and_Ayesha_Curry

4 http://people.com/food/ayesha-stephen-curry-wedding-dating/

5 https://www.mercurynews.com/2018/01/03/ayesha-curry-please-dont-call-me-an-nba-wife/

6 http://thebiglead.com/2017/10/13/when-stephen-curry-asks-for-nudes-ayesha-curry-sends-him-pictures-of-her-bare-feet/

7 https://www.buzzfeed.com/michelleregna/all-the-goals?utm_term=.ghawD73A9#.jt6z7wREL

3rd Quarter 第三節

1 https://udn.com/news/story/7002/3008898?from=udn-relatednews_ch2

17

1 http://www.nba.com/history/this_date_january.html

18

1 https://bleacherreport.com/articles/2725737-dawie-van-der-walt-says-hell-eat-golf-bag-if-stephen-curry-breaks-80-again

2 https://www.sbnation.com/golf/2017/8/7/16106188/stephen-curry-pro-golf-scores-web-tour-results

3 https://www.golfdigest.com/story/steph-curry-still-playing-augusta-national-despite-leaving-hawks-game-with-ankle-injury

4 https://www.si.com/nba/2017/08/05/steph-curry-pga-tour-professional-golf-warriors

5 https://athlonsports.com/33-best-two-sport-athletes-all-time

6 https://athlonsports.com/33-best-two-sport-athletes-all-time

19

1 http://www.sportingnews.com/nba/news/stephen-curry-high-school-golden-state-warriors-nba-playoffs/v3t7j5f9zncm1xt7pzap2h5ua

20

1 https://www.cbssports.com/nba/news/heres-the-story-behind-why-steph-curry-wore-no-20-and-not-no-30-in-high-school/

2 http://www.nba.com/article/2017/01/24/steph-curry-honored-high-school-and-college-return-charlotte

3 《說文解字》是一本很有趣的文字學經典，書中解釋「器」這個字的意思就是「器皿」，其中有個犬字是代表派狗守在四個器皿中間，看管著這些有口的器皿不被人取走。至於「笑」這個字，在

《說文解字》裡本來還缺了這個字，所以有人開玩笑說這是一本沒「笑」的書。http://www.vividict.com/WordInfo.aspx?id=704

4 http://www.businessinsider.com/stephen-curry-high-school-unlikely-nba-career-2017-6

5 http://www.sportingnews.com/nba/news/stephen-curry-high-school-golden-state-warriors-nba-playoffs/v3t7j5f9zncm1xt7pzap2h5ua

21

1 https://www.sfgate.com/warriors/article/Warriors-Curry-is-short-version-of-Tim-6783561.php

2 https://www.mercurynews.com/2018/01/13/warriors-secure-win-over-raptors-despite-nearly-squandering-27-point-lead/

22

1 https://www.foxsports.com/nba/story/golden-state-warriors-comeback-win-bucks-18-13-10-point-lead-double-digit-deficit-121915

23

1 http://www.complex.com/sports/2014/08/ranking-nba-players-who-have-worn-no-23-since-michael-jordan-retired/

2 http://us.blastingnews.com/sports/2017/05/lebron-james-reveals-why-he-chose-the-number-23-001729173.html

3 http://fadeawayworld.com/2017/04/25/top-15-players-who-have-worn-the-no-23-since-michael-jordan-retired/

4 https://www.complex.com/sports/2014/08/ranking-nba-players-who-have-worn-no-23-since-michael-

jordan-retired/draymond-green
5 http://thesportsdaily.com/the-sports-daily/lebron-james-wears-23-shirt-to-continue-petty-war-with-draymond-green-photo/
6 http://www.mercurynews.com/2017/06/15/draymond-green-lebron-james-trade-jabs-on-social-media/
7 http://www.landofbasketball.com/player_comparison/draymond_green_vs_lebron_james.htm

24

1 http://blogs.mercurynews.com/kawakami/2016/03/14/joe-lacob-hired-bob-myers/
2 https://bayarea.sbnation.com/golden-state-warriors/2012/5/21/3026056/golden-state-warriors-joe-lacob-kirk-lacob
3 https://www.dailynews.com/2015/11/24/how-bob-myers-went-from-ucla-walk-on-to-architect-of-warriors-nba-championship/

25

1 https://www.cbssports.com/nba/news/report-knicks-lost-out-on-steve-kerr-because-of-3-year-13-million-offer/
2 https://www.nytimes.com/2016/12/22/sports/basketball/steve-kerr-golden-state-warriors.html

26

1 https://www.cbssports.com/nba/news/warriors-jump-up-to-third-most-valuable-nba-team-after-knicks-and-lakers/
2 https://www.nytimes.com/2016/04/03/magazine/what-happened-when-venture-capitalists-took-over-the-golden-state-warriors.html

3 https://www.cbssports.com/nba/news/joe-lacobs-light-years-ahead-quote-has-become-a-joke-around-nba-circles/

27

1 http://www.espn.com/blog/statsinfo/post/_/id/129962/february-27-was-stephen-currys-day-until-monday

28

1 http://www.nba.com/analysis/rules_1.html

2 http://www.foxsports.com/nba/story/stephen-curry-golden-state-warriors-most-mindblowing-stats-3s-dunks-changing-basketball-022616

3 https://bleacherreport.com/articles/2760785-in-the-age-of-curry-and-smarter-stats-players-still-hate-the-desperation-heave

中英名詞對照表

人物

「Z寶」蘭道夫　Zach Randolph

三至五畫

「大O」羅柏森　Oscar Robertson
大范甘迪　Stan Van Gundy
大鳥博德　Larry Bird
「大嘴」米勒　Reggie Miller
大衛・羅賓森　David Robinson
小巨人湯瑪斯　Isaiah Thomas
小南斯　Larry Nance Jr.
小哈達威　Tim Hardaway Jr.
小葛瑞菲　Ken Griffey, Jr.
川上提姆　Tim Kawakami
丹尼・安吉　Danny Ainge
丹尼斯・羅德曼　Dennis Rodman
厄文　Kyrie Irving
厄希利　Festus Ezeli
天鉤賈霸　Kareem Abdul-Jabbar
比恩　Billy Beane
卡麥隆・安東尼　Carmelo Anthony
卡勞佛　Jamal Crawford
史提夫・柯爾　Steve Kerr
史蒂芬・馬布里　Stephon Marbury
史騰　David Stern
「石佛」鄧肯　Tim Duncan
尼爾・強森　Neil Johnson
尼諾　Nino Lapid
布依　Sam Bowie
布朗　Shonn Brown
布萊恩・蕭　Brian Shaw
布魯斯・海爾　Bruce Hale
布魯爾　Scott Burrell

六至十畫

伊古達拉　Andre Iguodala
伍德森　Mike Woodson
休斯　Phil Hughs
冰塊酷巴　Ice Cube
吉爾伯・亞瑞納斯　Gilbert Arenas
吉諾布里　Manu Ginobili
安卓斯・比爾尊屈　Andris Biedrins
安東尼・戴維斯　Anthony Davis
安德魯　Andrew Forbes
米奇・瑞奇蒙　Mitch Richmond
老鮑爾　LaVar Ball
艾佛森　Allen Iverson
艾莎　Ayesha Curry
艾爾威　John Elway
佛烈德・黑佐　Fred Hetzel
克里斯・穆林　Chris Mullin
克雷・湯普森　Klay Thompson
杜蘭　James Dolan
汪達　Wonda
沃德　Charlie Ward

奇拿努・歐那古　Chinanu Onuaku
奈特・富比士　Nate Forbes
奈特・瑟蒙德　Nate Thurmond
奈許　Steve Nash
帕多洛夫　Maurice Podoloff
帕克　Tony Parker
帕楚利亞　Zaza Pachulia
拉瑞・瓊斯　Larry Jones
林瑟康　Tim Lincecum
肯揚・貝瑞　Canyon Barry
阿德林　Buzz Aldrin
保羅・亞瑞金　Paul Arizin
哈里森・巴恩斯　Harrison Barnes
柏加特　Andrew Bogut
柯比　Kobe Bryant
「俠客」歐尼爾　Shaq O'Neal
約翰・伍登　John Wooden
唐・尼爾森　Don Nelson
庫茲米奇　Ognjen Kuzmic

朗多　Rajon Rondo
桑雅・柯瑞　Sonya Curry
馬克・傑克森　Mark Jackson
馬歇爾　Donyell Marshall

十一畫以上

崔斯勒　Clyde Drexler
康利　Gene Conley
張伯倫　Wilt Chamberlain
強尼・佛林　Jonny Flynn
麥可・喬丹　Michael Jordan
麥克基洛　Bob McKillop
麥特・古奧卡斯　Matt Guokas Sr.
傑森・基德　Jason Kidd
傑森・理察森　Jason Richardson
傑瑞・威斯特　Jerry West
凱文・杜蘭特　Kevin Durant
凱文・勒夫　Kevin Love
喬・福克斯　Joe Fulks
喬丹・希爾　Jordan Hill
提姆・哈達威　Tim Hardaway

最忙・格林　Draymond Green
湯姆・比爾優　Tom Bilyeu
湯姆・葛拉　Tom Gola
菲爾・傑克森　Phil Jackson
萊里　Pat Riley
費瑞　Danny Ferry
瑞克・貝瑞　Rick Berry
瑞克・費雪　Derek Fisher
瑞迪克　J.J. Redick
葛里芬　Blake Griffin
葛蘭特・希爾　Grant Hill
路克・華頓　Luke Walton
「雷槍」艾倫　Ray Allen
雷卡布　Joe Lacob
雷霸龍・詹姆斯　LeBron James
瑪麗　Mary
福克斯　Jim Fox
蒙泰・艾利斯　Monta Ellis
裴頓　Gary Payton
德洛・萊特　Dorell Wright
德瑞克・羅斯　Derrick Rose

摩西・馬龍　Moses Malone
歐拉朱旺　Hakeem Olajuwon
盧比歐　Ricky Rubio
賴瑞・蕭　Larry Shaw
鮑伯・邁爾斯　Bob Myers
鮑爾　Lonzo Ball
戴米安・里拉德　Damian Lillard
戴爾・柯瑞　Wardell Stephen "Dell" Curry I
賽門・西奈克　Simon Sinek
賽斯・柯瑞　Seth Curry
羅尼・特里雅夫　Ronny Turiaf
羅素・衛斯布魯克　Russell Westbrook
羅瑞　Kyle Lowry
麗莎・索特絲　Lisa Salters
魔術強森　Magic Johnson

地點

「O館」　The O
大通中心球場　Chase Center
甲骨文球場　Oracle Arena
艾克隆　Akron
奧古斯塔球場　Augusta National
奧克蘭　Oakland
奧克蘭—阿拉曼達郡立競技場體育館　Oakland-Alameda County Coliseum Arena
舊金山　San Francisco

其他

山塔克魯斯勇士　Santa Cruz Warriors
甲骨文公司　Oracle
印弟安人隊　Indians
印弟安那波里斯奧林匹亞人隊　Indianapolis Olympians
自由大學　Liberty University
艾利梅菁英賽　Ellie Mae Classic
杜克大學　Duke University
威達康巡迴賽　Web.com Tour
洛磯隊　Colorado Rockies
美式足球布朗隊　Browns
美洲籃球協會　Basketball Association of America, BAA
美國大聯盟　Major League Baseball
美國名人賽　The Masters
美國籃球協會　American Basketball Association, ABA
范德堡大學　Vanderbilt University
夏洛特基督高中　Charlotte Christian School
海斯曼獎　Heisman Trophy
雪城國民隊　Syracuse Nationals
「運動畫刊」　Sports Illustrated
奧克蘭橡樹隊　Oakland Oaks
聖荷西信使報　San Jose Mercury News
騎士隊　Cavaliers
羅徹斯特皇家隊　Rochester Royals

柯瑞平凡中的不一樣

NBA 神射手的 30 段勇氣人生

Stephen Curry: Beyond the Court

作者	周汶昊（Wen-hao Winston Chou）
主編	劉偉嘉
排版	謝宜欣
校對	魏秋綢
封面	萬勝安
社長	郭重興
發行人兼出版總監	曾大福
出版	真文化／遠足文化事業股份有限公司
發行	遠足文化事業股份有限公司
地址	231 新北市新店區民權路 108 之 2 號 9 樓
電話	02-22181417
傳真	02-22181009
Email	service@bookrep.com.tw
郵撥帳號	19504465 遠足文化事業股份有限公司
客服專線	0800221029
法律顧問	華陽國際專利商標事務所　蘇文生律師
印刷	成陽印刷股份有限公司
初版	2018 年 11 月
定價	350 元
ISBN	978-986-86819-1-0

歡迎團體訂購，另有優惠，請洽業務部 (02)22181-1417 分機 1124、1135

國家圖書館出版品預行編目 (CIP) 資料

柯瑞平凡中的不一樣：NBA 神射手的 30 段勇氣人生（Stephen Curry: Beyond the Court）／周汶昊（Wen-hao Winston Chou）作 .
-- 初版 . -- 新北市：真文化，遠足文化，2018.11
面；公分 --（認真生活；1）
ISBN 978-986-86819-1-0（平裝）
1. 柯瑞（Curry, Stephen, 1988-） 2. 運動員 3. 職業籃球
785.28　　107018008